2017
中国金融市场发展报告

CHINA FINANCIAL MARKET DEVELOPMENT REPORT

中国人民银行上海总部
《中国金融市场发展报告》编写组

中国金融出版社

责任编辑：童祎薇
责任校对：张志文
责任印制：程　颖

图书在版编目(CIP)数据

2017中国金融市场发展报告（2017 Zhongguo Jinrong Shichang Fazhan Baogao）/中国人民银行上海总部《中国金融市场发展报告》编写组编.—北京：中国金融出版社，2018. 5
ISBN 978-7-5049-9580-3

I.①2… II.①中… III.①金融市场—研究报告—中国—2017 IV.①F832.5
中国版本图书馆CIP数据核字（2018）第102722号

出版发行 中国金融出版社
社址 北京市丰台区益泽路2号
市场开发部 (010)63266347，63805472，63439533 (传真)
网上书店 http://www.chinafph.com (010)63286832，63365686 (传真)
读者服务部 (010)66070833，62568380
邮编 100071
经销 新华书店
印刷 北京市松源印刷有限公司
尺寸 210毫米 × 285毫米
印张 9.5
字数 210千
版次 2018年5月第1版
印次 2018年5月第1次印刷
定价 105.00元
ISBN 978-7-5049-9580-3
如出现印装错误本社负责调换 联系电话（010）63263947

Committee 编写委员会

主　任：刘国强

副主任：纪志宏　金鹏辉

执行副主任：郑五福　马贱阳

成　员（按姓氏笔画排序）：

冯润祥　刘建红　杜要忠　李中红　李海超　沈　伟
宋钰勤　张翠微　周自立　荣艺华　徐毅林　黄　敏
梅云波　韩　平

执笔并统稿：

朱永行　杨　婕　曾梓梁　王　莹　曾令美　邹　琼
王雯珠　王同益

其他执笔人（按姓氏笔画排序）：

王　亮　车士义　尹笑怡　邓凌媛　叶可松　邢莹莹
向立力　刘华伟　刘　胤　刘　彦　刘晓进　闫丽娟
江会芬　李　丹　李旭光　李　琦　李　霖　李冀申
肖　婕　吴小蒙　汪贤星　张　颂　张　璨　陈光新
陈晓虹　苟　宇　周永坤　周庆武　郑凌云　孟　婧
胡迎春　袁沁敔　郭　芳　唐　烈　黄　伟　曹媛媛
常　明　常鑫鑫　程南雁　童小军　曾　辉　谢国晨
廖　慧　戴　赜

Contents 目录

2017 中国金融市场发展报告
CHINA FINANCIAL MARKET DEVELOPMENT REPORT 2017

第一章 总 论

2017年，全球经济增长步伐加快，国际金融市场总体稳定，主要经济体货币政策转向。面对错综复杂的国际国内经济金融环境，中国胜利召开党的十九大，成功举办"一带一路"高峰论坛和金砖国家峰会，经济建设和改革开放取得巨大成就，国民经济运行保持较强韧性和稳中向好态势，经济由高速增长向高质量增长转变。金融市场总体运行平稳，金融改革深入推进，制度建设和基础设施建设不断加强，市场结构和产品体系更趋完善，市场双向开放水平进一步提高，强化监管和防范化解系统性金融风险被放在更加重要的位置，金融市场回归本源，推动供给侧结构性改革、服务实体经济的效率和水平持续提升。

一、2017年中国金融市场发展的宏观环境分析

（一）国际经济与金融形势

联合国发布的《2018世界经济形势与展望》表明，与金融危机相关的脆弱因素和其他动荡的负面因素有所消退，全球经济增长进入2011年以来的最快增长速度，达到3%，显著高于2016年的2.4%。在此背景下，2017年全球约有三分之二的国家增长速度高于上一年，发展中国家仍然是全球经济增长的主要动力。2017年东亚和南亚仍是世界最具活力的区域，区域GDP增长6.0%，高于世界其他区域，占到全球经济增长的近一半，其中中国贡献了三分之一。尽管全球经济增长趋强，但其在全球各地区分布仍然不均，许多地区尚未出现健康的增长速度。

虽然全球贸易反弹和投资环境的改善为此次经济好转提供了支持，但许多发展中经济体和转型期经济体仍然因为风险规避情绪激增、突发性撤资和全球资本流动性条件突然收紧等冲击而受到影响。与此同时，债务增加也给全球金融带来挑战。

1. 2017年全球经济增长趋强

（1）部分发达经济体经济增长强劲，东亚和南亚仍是全球最具活力地区。

2017年全球经济增长加速的主要原因是部分发达国家经济增长较为强劲。得益于商业投资环境的改善，美国经济增速明显加快。2017年，美国经季节调整的实际GDP平均增长2.25%，大幅高于2016年的1.5%。欧元区经济稳健增长，私人消费仍然是其经济增长的主要动力。欧元区2017年经季节调整的实际GDP平均增长2.5%，显著高于2016年的1.8%。受国内连贯宏观经济政策的支持和内需迅速扩大的刺激，日本经济延续2016年第四季度的增长趋势，继续保持高水平增长。日本经济2017年经季节调整的实际GDP平均增长1.7%，远高于2016年的0.9%。由于脱欧谈判及其后续影响的不确定性，英国经济增速略有减弱。2017年，英国经季节调整的实际GDP平均增长1.7%，低于2016年的1.9%。由于石油等大宗商品价格回升，巴西和俄罗斯联邦结束经济衰退。2017年，巴西经季

节调整的实际GDP平均增长1.0%，而俄罗斯前三季度经季节调整的实际GDP增速分别为0.4%、2.5%和1.8%，预计全年为1.5%。南非实体经济走出技术性衰退，净出口反弹。2017年，南非经季节调整的实际GDP平均增长1.2%，远高于2016年的0.6%。尽管印度经济增长出现下滑迹象，但由于其稳健的私人消费和公共投资以及正在进行的结构性改革，印度2017年经季节调整的实际GDP平均增速仍高达6.4%。

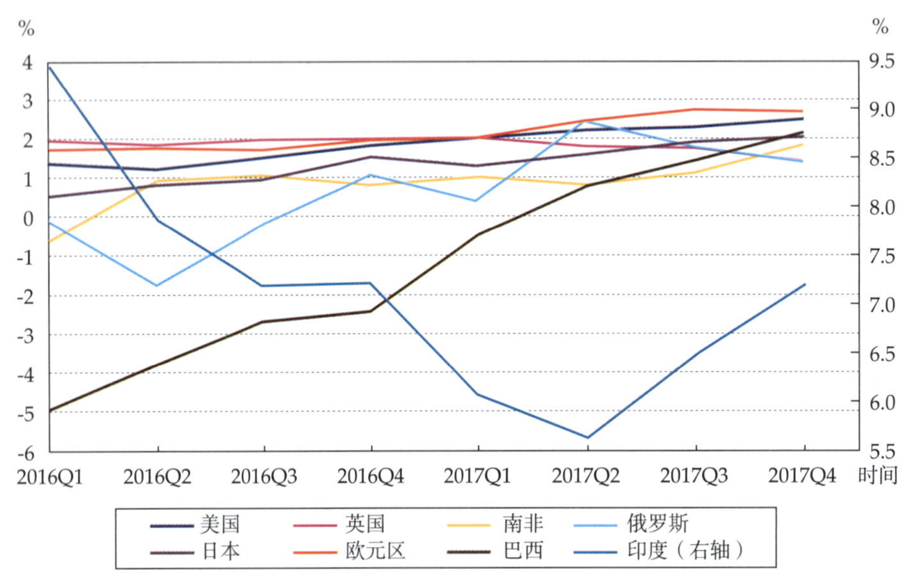

注：数据为经季节调整的实际GDP增长率。

资料来源：路透DATASTREAM。

图1-1 2016—2017年主要经济体经济增速

（2）全球贸易反弹，投资环境改善。

2017年，全球贸易出现回升。其中，前8个月世界商品贸易的增长速度达到危机后的最快增速。全球贸易的回升主要得益于东亚进口需求的增强，以及该地区宽松的政策有力地促进了内需的上升。全球贸易增长在2016年出现经济危机后的低点，之后得益于全球经济的增长出现反弹。2017年，全球贸易预计增长约3.7%，高于2016年的2.2%。

随着全球经济增长的加速、国际贸易的回升，以及对美国货币政策稳健过渡的预期，全球融资状况得到改善，投资开始复苏。其中一个明显的特征是，受投资组合和银行资金的推动，流入发展中经济体和新兴经济体的私人非居民资本达到了一个高点。2017年，流入新兴经济体的非居民资本达到1.1万亿美元，而居民资本的流出从2016年的1万亿美元下降到2017年的7 700亿美元。对外直接投资（FDI）是全球资本流动的最主要形式。2016年，全球FDI数额降至1.75万亿美元，比上年减少了大约2%；据联合国贸发委《2017世界投资报告》估计，2017年全球FDI流量预计会增加至接近1.8万亿美元，其中流向发展中经济体的FDI预计将上涨10%，而流向发达经济体的FDI则保持稳定。

（3）国际油价大幅上涨，海运贸易活跃。

2017年上半年，虽然OPEC减产，但并没有改变国际原油高库存的格局，以美国西得克萨斯轻质原油（WTI）衡量的国际油价从年初的53.75美元/桶一度下降到6月的42.48美元/桶。但受美国原油库存下降，以及OPEC持续减产等因素影响〔即OPEC和非OPEC石油出口国签署协议一致同意从2017年1月到2018年3月减少石油的供应量（每天供应180万桶）〕，国际原油价格大幅上升，到年底达到60.46美元/桶，同比增长12.5%。

全球贸易活跃程度的领先指标波罗的海干散货运价指数（BDI）从年初的953点在震荡中一路上升至12月中旬的1 730点后回落至年底的1 366点，较2016年底上升了42%。

（4）全球大宗商品整体价格保持温和增长。

2017年以来，国际大宗商品价格呈现先跌后涨的态势。彭博大宗商品价格指数从2017年初的87.5美元下降至6月的79.4美元后掉头上涨，年底达到88.2美元，基本与2016年底的87.5美元持平，低于2016年的最高值89.9美元。粮食方面，联合国粮农组织公布的数据显示，2017年全球粮食价格指数平均值为174.6点，比2016年上涨8.2%。有色金属方面，截至2017年12月底，伦敦金属交易所（LME）A级铜报收7 207美元/吨，同比上涨30.5%；铝合金报收1 806美元/吨，同比上涨16.8%；锌报收3 337.5美元/吨，同比上涨30.5%；铅报收2 484.75美元/吨，同比上涨24.3%；镍报收12 705.5美元/吨，同比上涨27.5%。黄金方面，价格从年初的1 193美元/盎司上涨到8月的1 282美元/盎司，上涨幅度为7.5%，但较上年同期下降了4.4%。

2. 国际金融市场总体稳定

（1）全球主要发达经济体货币政策宽中趋紧。

2017年，美国经济复苏态势良好，已接近充分就业。10月美联储启动缩表计划。12月，美联储进行2017年度第三次加息操作，将利率区间上调至1.25%~1.50%，宣告美国货币政策进一步收缩。欧央行2017年度维持存款便利利率在-0.4%不变，并于4月开始降低资产购买计划规模至600亿欧元。随着英国通货膨胀率持续维持在央行目标水平以上，英格兰银行2017年11月进行近十年以来的首次加息操作，将基准利率从0.25%调高至0.5%，并继续保持4 350亿英镑的英国国债购买计划和100亿英镑的英国公司债券购买计划不变。日本银行继续维持宽松货币政策不变，政策利率维持在-0.1%不变。

（2）全球股市普遍上涨。

由于经济增长加快以及公司利润强劲，全球股市普遍上涨。2017年，涵盖48个国家和地区多数股票的标准普尔全球市场指数（The S&P Global Broad Market Index）上涨了21.7%；阿根廷、巴西、印度和美国股市上涨幅度超过25%，分别为71.8%、28.2%、28.1%和25.1%；欧洲股市也表现不俗，英国、法国和德国主要股指全年涨幅分别达到7.6%、8.8%和11.4%；俄罗斯股市出现先跌后涨的震荡行情，MICEX指数从年初开始下跌，到6月下跌达到18.6%，之后止跌回升，年末较年初下跌5.5%；此外，日本、南非和印度尼西亚股市分别上涨19.1%、19.7%和20.0%。

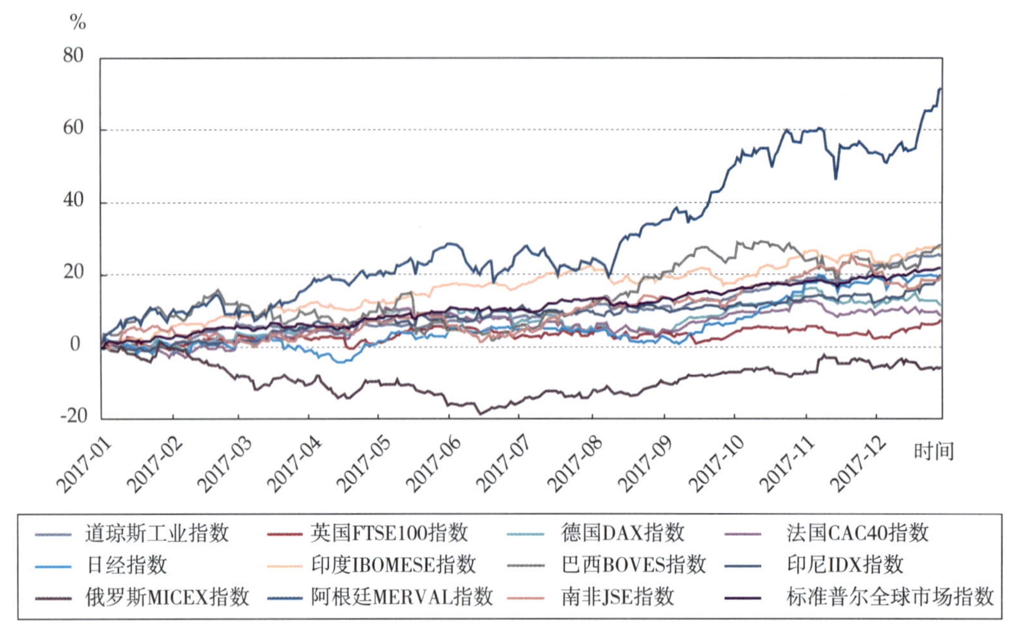

注：以2017年初为基数。

资料来源：路透DATASTREAM和工作人员计算。

图1-2 2017年主要经济体股票指数涨幅走势

（3）主要经济体国债收益率走势平稳。

2017年，美国10年期国债收益率先降后升，年底和年初均维持在2.5%的水平，最低也未跌破2%；英国10年期国债收益率基本与美国保持同样的趋势，但低于美国约125个基点；随着英国脱欧的负面影响消退，德国10年期国债收益率回升至正区间，年底报收0.39%；法国10年期国债收益率在年初小幅上涨后开始下跌，报收0.59%；日本银行在2016年9月提出将10年期国债收益率控制在0后回升至正值，年底报收0.06%，与年初持平。

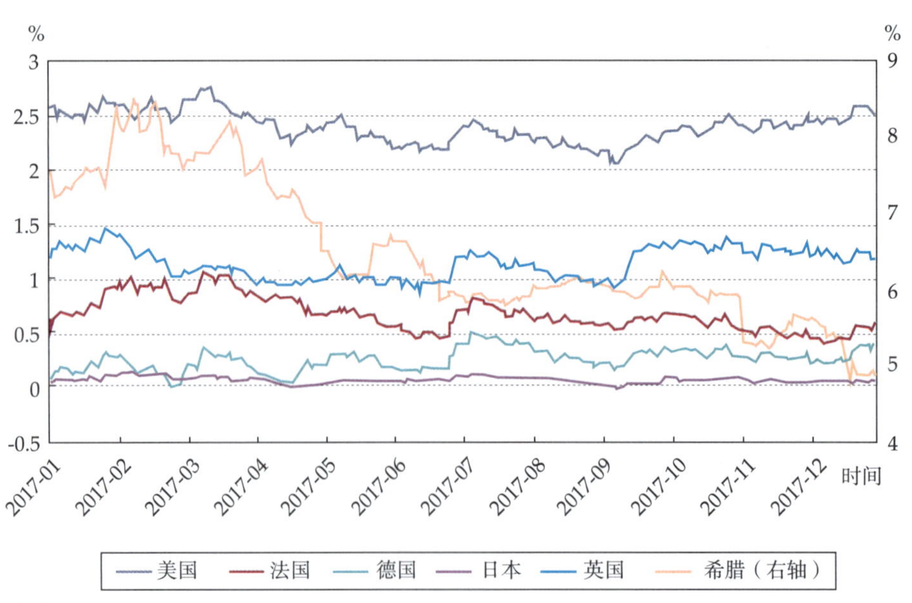

资料来源：路透DATASTREAM。

图1-3 2017年主要发达经济体10年期国债收益率走势

（4）美元走势表现疲弱，全球主要货币对美元升值。

虽然美联储在2017年加息三次，而且特朗普政府的税改政策也尘埃落定，但美元走势仍表现疲弱，全球主要货币对美元呈现升值态势。2017年，欧元对美元上涨12.8%，英镑对美元上涨9.2%，日元兑美元上涨4.1%；其他货币有贬有升，阿根廷比索大幅贬值16.8%，土耳其里拉贬值6.9%，俄罗斯卢布、印度卢比、马来西亚林吉特和南非兰特分别升值5.9%、6.3%、9.8%和10%；巴西雷亚尔和印度尼西亚卢比基本与年初持平，贬值幅度小于0.9%。

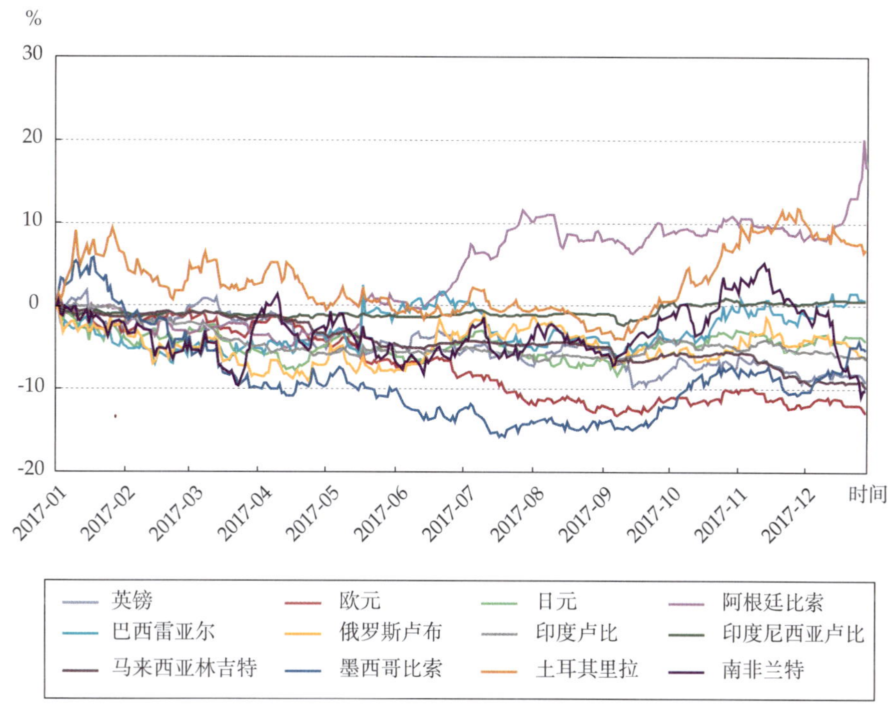

资料来源：路透DATASTREAM和工作人员计算。

图1-4 2017年主要货币汇率走势

（二）国内经济与金融环境

1. 国民经济运行稳中向好

（1）经济运行在合理区间，发展韧性明显增强。

2017年，我国继续以供给侧结构性改革为主线，适度扩大总需求，深化改革创新，振兴实体经济，国民经济稳中向好态势持续发展，经济结构不断优化，新兴动能加快成长，质量效益明显提高，经济发展的稳定性、协调性和可持续性明显增强。2017年，国内生产总值为82.7万亿元，同比增长6.9%，增速比上年加快0.2个百分点。分季度看，一至四季度同比分别增长6.9%、6.9%、6.8%和6.8%，经济连续10个季度运行在6.7%~6.9%的区间，发展韧性明显增强。分产业看，三次产业增加值分别增长3.9%、6.1%和8.0%。

（2）需求结构调整优化，进出口较快增长。

2017年，社会消费品零售总额为36.6万亿元，同比增长10.2%。最终消费支出对经济增长的贡献率为58.8%，比上年下降7.7个百分点，比资本形成总额的贡献率高26.7个百分点，仍是拉动经济增长的主要动力。2017年，进出口总额达27.8万亿元，同比增长14.2%，扭转了连续两年下降的局面。其中，出口总额15.3万亿元，同比增长10.8%；进口总额12.5亿元，同比增长18.7%。一般贸易进出口和机电产品出口占比提高，进出口结构继续优化。2017年，固定资产投资（不含农户）为63.2万亿元，同比增长7.2%，增速比上年回落0.9个百分点，并呈现逐月回落态势。其中，制造业投资增长4.8%，房地产开发投资增长7.0%，基础设施投资（不含电力、热力、燃气及水生产和供应业）增长19.0%。

（3）消费价格温和上涨，居民收入增幅加快。

2017年，居民消费价格同比上涨1.6%，涨幅比上年回落0.4个百分点。其中，医疗保健价格上涨6.0%，居住价格上涨2.6%，食品烟酒价格下跌0.4%。在食品类价格小幅回落的影响下，消费价格涨势温和。工业品价格波动上升，全年工业生产品出厂价格同比上涨6.3%，比上年同期提高7.7个百分点，结束了自2012年以来连续5年下降的态势。2017年，全国居民人均可支配收入25 974元，实际增长7.3%，增速比上年加快1.0个百分点。其中，城镇居民人均可支配收入实际增长6.5%，农村居民人均可支配收入实际增长7.3%。

（4）服务业主导作用增强，工业结构优化效益提升。

2017年，服务业增加值为42.7万亿元，同比增长8.0%，继续领跑三次产业。服务业增加值占国内生产总值的比重为51.6%，与上年持平；服务业对经济增长的贡献率为58.8%，比上年提高0.6个百分点，服务业的主导作用进一步增强。2017年，全国规模以上工业增加值同比增长6.6%，比上年提高0.6个百分点。工业向中高端迈进，高技术制造业、装备制造业呈现加快增长的态势，高技术产业和装备制造业增加值增速分别比规模以上工业快6.8个和4.7个百分点。新旧动能加快转换，工业战略性新兴产业增加值同比增长11.0%，比规模以上工业快4.4个百分点。去产能加快推进，全国工业产能利用率为77.0%，创五年新高；去库存成效突出，商品房待售面积持续下降；去杠杆和降成本效果继续显现，工业企业资产负债率和每百元主营业务收入中的成本均有所下降；短板领域投资快速增长，生态保护和环境治理业、公共设施管理业、农业投资均保持两位数增长。

2. 金融环境保持平稳

（1）货币运行稳健中性。

12月末，广义货币供应量M2余额为167.7万亿元，同比增长8.2%，增速比上年同期低3.1个百分点，货币总量增长总体平稳。人民币各项存款余额为164.1万亿元，同比增长9.0%，增速比上年同期低2.0个百分点。人民币各项贷款余额为120.1万亿元，同比增长12.7%，增速比上年同期低0.8个百分点，金融机构贷款较快增长。社会融资规模全年增量为19.4万亿元，比上年增加1.6万亿元。其中，对实体经济发放的人民币贷款增加13.8万亿元，同比多增1.4万亿元，占同期社会融资规模的71.2%；对实体经济发放的外币贷款折合人民币增加18亿元，同比多增5 658亿元；委托贷款增加7 770亿元，同比少增1.4万亿元；信托贷款增加2.3万亿元，同比多增1.4万亿元；未贴现的银行承兑汇票增加5 364亿元，同比多增2.5万亿元；企业债券净融资4 495亿元，同比减少2.6万亿元；非金融企业境内股票融资8 734亿元，同比减少3 682亿元。金融机构存贷款利率有所上行。12月，非金融企业及其他部门贷款加权平均利率为5.74%，比上年末提高0.47个百分点；个人住房贷款加权平均利率为5.26%，比上年末提高0.74个百分点。

（2）金融机构改革深入推进。

全面落实开发性金融机构、政策性金融机构改革方案。完成对国家开发银行、中国进出口银行注资以及三家银行章程修订工作，有序推动建立健全董事会和完善治理结构、划分业务范围等改革举措，完善风险补偿机制、制定审慎监管办法。国家开发银行新一届董事会、中国进出口银行董事会已分别于2017年11月6日、2018年1月15日成立并运转。

存款保险制度功能不断完善。存款保险制度正式实施以来，制度实施各项工作稳步推进。金融机构存款平稳增长，大、中、小银行存款格局保持稳定。金融机构50万元限额内的客户覆盖率为99.6%，保持稳定。继续做好风险差别费率实施工作，完善存款保险风险评价和费率机制，发挥差别费率的风险约束和正向激励作用。加强对各类型投保机构的风险监测与核查，依法采取风险警示和早期纠正措施。积极开展存款保险宣传和业务培训，做好存款保险保费汇集和基金管理工作。

农村信用社改革成效显著。资产质量持续改善，涉农信贷投放继续扩大，产权制度改革继续推进。按贷款五级分类口径统计，截至2017年末，全国农村信用社资本充足率为11.7%，不良贷款比例为4.2%，共实现利润2 487.8亿元；各项存款、贷款余额分别为27.2万亿元和15.0万亿元，占同期全部金融机构各项存款、贷款余额的比例分别为16.1%和11.9%。其中，涉农贷款余额和农户贷款余额分别为9.0万亿元和4.4万亿元，比上年末分别增长9.5%和11.6%。

（3）金融业运行整体平稳。

银行业金融机构资产扩张速度减缓，盈利增速回升，信贷资产质量趋稳，不良贷款率企稳甚至有所下降。截至2017年末，我国银行业金融机构本外币资产总额为245.78万亿元，同比增长8.6%；本外币负债总额为226.37万亿元，同比增长8.3%。商业银行不良贷款余额为17 057亿元，不良贷款率为1.74%，全年不良贷款率基本保持稳定。商业银行实现净利润17 477亿元，平均资产利润率为0.92%，平均资本利润率为12.56%，盈利能力较强。商业银行贷款损失准备余额为30 944亿元，拨备覆盖率为181.42%，贷款拨备率为3.16%，资本充足率为13.65%，处于国际同业良好水平。商业银行流动性比例为50.03%，人民币超额备付金率为2.02%。

证券业资产规模小幅增长，盈利能力有所下降。截至2017年末，131家证券公司总资产为6.14万亿元，净资产为1.85万亿元，净资本为1.58万亿元，全年共实现营业收入3 113.28亿元，实现净利润1 129.95亿元，120家公司实现盈利。

保险业保费收入平稳增长，资产增速放缓。截至2017年末，保险业累计实现原保险保费收入36 581.01亿元，同比增长18.16%；

赔款和给付支出11 180.79亿元，同比增长6.35%；总资产167 489.37亿元，较年初增长10.80%；净资产18 845.05亿元，较年初增长9.31%；资金运用余额149 206.21元，较年初增长11.42%。

（4）互联网金融风险清理整顿稳妥推进。

随着互联网信息技术快速发展和广泛应用，互联网金融在我国逐步兴起并快速发展，与此同时，互联网金融某些业态偏离了规范发展的方向，出现了一些风险事件。党中央、国务院及时决策，于2016年4月启动了互联网金融风险专项整治工作，根据《国务院办公厅关于印发〈互联网金融风险专项整治工作实施方案〉的通知》（国办发〔2016〕21号）部署，中央层面由中国人民银行牵头、中央宣传部等十七部门联合组成整治工作领导小组，总体推进整治工作和长效机制建设，各省级人民政府成立以分管金融的负责同志为组长的落实整治方案工作领导小组，组织本地区专项整治工作，对P2P网络借贷、股权众筹、非银行支付、互联网保险、互联网资管和互联网广告等6个重点领域的违法违规行为进行整治，切实防范风险，促进互联网金融规范有序发展。

在2016年开展摸底排查、摸清风险底数的基础上，2017年互联网金融风险专项整治进入清理整顿阶段，各地有序推进6个重点分领域的清理整顿，同时根据互联网金融发展的最新变化与风险特征，整治工作领导小组部署开展了虚拟货币交易平台、代币融资发行（ICO）及现金贷等专项整治行动。为稳妥有序推进清理整顿分类处置工作，各地按照十七部门联合发布的《关于进一步做好互联网金融风险专项整治清理整顿工作的通知》（银发〔2017〕119号）要求，对互联网金融从业机构进行了分类，采取差别化处置措施，将合规类机构纳入日常监管；对违法违规情节较轻、配合整改意愿较强的整改类机构，出具整改意见，明确违法违规金融活动退出时间表；对违规情节较重，及不配合监管、拒不整改的取缔类机构，坚决予以打击。在互联网金融风险清理整顿过程中，各地切实贯彻“严控增量、化解存量”的整顿要求，全程注意分类施策，稳妥推进清整工作，明确从业机构的金融风险化解与防范的主体责任，重视防范因处置产生的次生风险。经过一年来的清理整顿，互联网金融从业机构数量明显下降，互联网金融不合规业务规模和存量业务规模实现双降，并遏制了互联网金融风险案件频发势头，互联网金融风险得到有效抑制；同时互联网金融长效治理机制建设稳步推进，在国家互联网金融风险专项整治领导小组办公室推动部署下，2017年12月8日中国互联网金融协会的互联网金融登记披露服务平台正式上线，完善了互联网金融信息披露制度，提高了市场透明度，有利于保护投资者合法权益。截至2017年末，全国尚在运营的互联网金融从业机构3 356家，整顿以来共有4 539家机构退出互联网金融活动；不合规业务规模为2 093.6亿元，整顿以来下降了2 765亿元，降幅为56.9%；存量业务规模10 446.5亿元，整顿以来下降263.8亿元，降幅为2.5%。

二、2017年中国金融市场运行的主要特点

2017年，中国金融市场稳健高效运行。市场创新能力不断增强，规范性、系统性制

度建设有力加强，金融市场对内对外开放有序加大，系统性金融风险得到有效防范，金融市场服务实体经济的针对性和能力逐步提高，市场配置资源能力进一步提升。

（一）市场规模保持合理增速，金融发展质量稳步提升

2017年，金融市场整体规模平稳增长，市场运行更趋稳健。同业拆借和债券回购等货币市场交易总量小幅增加，电子票据贴现同比增长20.5%，票据市场电子化进程加快；债券发行和托管总量分别较上年增长12.9%和16.2%，增量存量保持了合理增速；股票融资结构优化，全年参与IPO企业数量创下历史新高，二级市场波动性进一步降低；银行间外汇市场总体规模全年增长46.5%，延续了快速发展态势；上海黄金交易所黄金业务交易量全年增长11.54%，交易移动互联网业务发展迅速，较上年增长四倍多；保险业全年实现保费增长18.16%，互联网保险公司业务快速增长，签单件数同比增长102.6%；商品期货成交量同比减少25.92%，投机炒作行为进一步减少，金融期货成交增长34.14%，市场成熟度不断提升。

在实现平稳运行的同时，不断优化市场自身建设，持续推进去杠杆、抑泡沫，有效提升了金融市场发展质量。货币政策保持稳健中性，货币市场利率中枢适时上行；特别国债完成滚动发行、地方政府债券试点续发行、绿色债券实现预发行，债券发行机制的优化完善保障了市场的平稳运行，有效提升了价格发现效率和市场流动性；股票市场发行、减持、退市等一系列基础性制度进一步夯实，市场生态呈现积极变化；“逆周期因子”引入人民币中间价形成机制，充分反映了市场供求的合理变化，运行效果良好；黄金市场国际板发展规模稳步攀升，跨境资金清算平稳有序；保险业风险保障水平提升，上海保险交易所成立，场内保险交易市场建设扎实推进；截至2017年末，我国上市交易的商品期货品种已达54个，交易品种覆盖面进一步扩大，豆粕、白糖等首批商品期权成交稳定，场外利率、汇率衍生品市场交易产品进一步丰富，市场机制和交易平台不断优化，市场活跃度显著提高。

（二）金融市场创新步伐加快，服务实体经济精准有力

2017年，金融市场发展以服务实体经济为导向，加大创新力度，回归金融服务实体经济本源。PPP资产证券化项目的成功发行，充分发挥了金融在市场化融资、社会资金回收和提升项目管理效率等方面的积极作用；“一带一路”熊猫债和公司债券分别在银行间市场和交易所市场成功发行，国内金融中介服务机构加强与“一带一路”沿线国家的金融机构合作共建，金融服务“一带一路”建设实现多领域和深层次的突破；首单双创专项债务融资工具为双创债券市场再添创新品种，创新创业公司债券试点的相关政策颁布为双创债券市场的扩容打下制度基础，创新创业类债券发展呈现新契机；多只地方政府专项债券和社会多领域专项债券顺利发行，科学有效地实现金融市场对支持地方基础建设、促进社会多行业健康发展的积极作用；涉农行业、扶贫项目和网络信息安全等成为2017年保险产品和服务创新的重要内容。

2017年，金融市场在支持经济社会发展的重点领域和薄弱环节实现高效精准服务，在生态文明建设、经济结构转型、扶贫攻坚

等方面提供有力的引导和支持。绿色债券评估认证行为指引完善了绿色金融体系顶层设计，绿色信贷资产证券化产品和绿色资产支持票据开创了金融工具推动绿色产业发展的新模式，上市公司强制性环境信息披露制度在探索中完善，发电行业的全国碳排放权交易市场建设方案推出，绿色金融市场步入成熟发展时期；银行间市场公募REIT、债转股专项债券、住房租赁专项公司债券、长租公寓类资产证券化产品等一系列金融产品的丰富和发展有力地支持了实体经济结构转型，在进一步落实“三去一降一补”、推进住房制度改革与长效机制建设等方面有效提升了金融市场服务实体经济的能力；扶贫小额信贷管理制度切实纠正了扶贫小额信贷工作中出现的偏差，更好地发挥小额信贷在精准扶贫、精准脱贫中的作用，“保险+期货”试点工作稳步扩大，苹果期货交易在郑州商品交易所正式开展，是加快农村金融创新、实现金融市场支持贫困地区经济发展、落实国家脱贫攻坚战略部署的重要举措。

（三）金融市场管理制度不断完善，主动防范系统性风险

2017年，金融市场运行中的潜在风险有所积累，针对金融风险隐蔽性、复杂性、传染性的特点加强综合监管，不断优化和完善金融市场管理制度。国务院金融稳定发展委员会成立，监管协调统一机制进一步确立；债券市场参与者债券交易业务进一步得以规范，明确了场内、场外各类市场参与者债券交易的相关内控制度，债券市场风险防范和长期健康发展能力获得提升；统一同类资产管理产品监管标准，机构监管与功能监管制度的有机结合，有效减少了监管真空和监管套利；包括资本市场基础性法律制度、证券市场发行与交易制度、上市公司管理制度以及证券交易所管理制度等在内的一系列规章制度相继修订和颁布，有效构建了股票市场规范健康发展的制度环境，为积极防范和化解资本市场重大风险打下坚实基础；成立金融科技委员会，强化监管科技应用实践，提升金融科技在监管方面的积极作用；银行间市场推出多项风险对冲业务，降低了市场整体信用风险，两大证券交易所修订多项市场制度细则，对平滑交易所回购市场利率波动性、维护证券市场交易结算秩序起到了积极作用。

2017年，监管部门主动防控金融业系统性风险，严守不发生系统性风险的底线，依法全面从严监管态势进一步巩固。地方政府融资担保清理整改工作全面展开，地方政府融资行为进一步规范；互联网金融专项整治工作有序开展，为互联网金融健康长期发展、提高金融服务普惠性打下坚实基础；防范代币融资风险、取缔非法从事代币发行融资活动，维护了正常的经济金融秩序；严厉打击各类违规炒作等股票市场乱象，深化了信息披露“刨根问底”式监管，强化事中监管，加大证券市场跨境监管和联合执法力度；在一系列强监管、防风险、治乱象、补短板措施实施后，保险行业业务结构持续调整，行业转型成效初显；各类型金融机构监管规则适时出台，商业银行同业资产负债自2010年来首次收缩，表外业务总规模增速逐月回落，经营行为更趋理性规范。

（四）对外开放步伐有序加大，金融市场国际影响力不断提升

2017年，金融市场在重点领域和关键环节上稳步实行对外开放战略，有序推进了国

内金融机构和金融市场结构的优化完善。熊猫债市场规模稳步扩大，市场活跃度提升，推动创新实践亮点突出，金融市场开放程度进一步扩大。香港与内地债券市场互联互通合作机制"债券通"正式开启，相关业务规则陆续颁布，境外投资者参与境内债券市场进程稳步有序推进，境外机构持有人民币债券金额大幅上升，金融市场运行机制适应性、国际化能力得以加强；银行间债券市场境外机构投资者得以参与人民币对外汇衍生品业务，境外信用评级机构得以开展银行间债券市场评级业务，金融业市场准入推进到了更高层次；QFII、RQFII制度逐步完善，H股上市公司"全流通"试点规则发布，深化了境外上市制度改革；外资保险公司市场占有率逐步提升，在良性竞争中不断提升优化金融机构自身能力和金融市场制度建设。

2017年，人民币国际化和金融业双向开放促进了金融体系的不断完善，提升了我国金融市场的国际影响力和受关注度。我国A股指数、国债指数、政策性银行债券指数以及涵盖银行间各类债券的银行间债券指数陆续被国际市场投资者纳入新兴市场指数体系，体现了国际投资者对我国经济发展和金融市场实力的肯定；"上海金"期货合约产品在迪拜黄金与商品交易所正式上线，成为"上海金"基准价在国际金融市场的首次应用；成立合资机构，与国际市场重要基础设施机构和市场服务机构的合作更加务实，境内外金融机构和投资者共同参与到国内外金融市场的多个领域。

三、2018年中国金融市场发展展望

2018年是贯彻落实党的十九大精神的开局之年，是改革开放40周年，是决胜全面建成小康社会、实施"十三五"规划承上启下的关键一年。我国金融市场发展将以习近平新时代中国特色社会主义思想为指导，全面深入贯彻落实党的十九大精神、中央经济工作会议和全国金融工作会议部署，坚持稳中求进工作总基调，牢固树立和落实新发展理念，紧扣我国社会主要矛盾变化，按照高质量发展的要求，以推动供给侧结构性改革为主线，深入贯彻服务实体经济、防控金融风险、深化金融改革三项任务，大力推进金融市场改革开放，加大金融市场服务实体经济力度，促进金融市场平稳健康发展。

（一）进一步提升金融市场服务实体经济能力

坚持新发展理念，按照高质量发展的要求，以推进供给侧结构性改革为主线，围绕实体经济全面提升金融市场服务效率和水平，把更多金融资源通过市场化法治化途径配置到经济社会发展的重点领域和薄弱环节，促进融资便利化，降低实体经济成本。建立可持续发展的体制机制安排，加大金融市场对实体经济的支持力度。把发展直接融资放在重要位置，形成融资功能完备、基础制度扎实、市场监管有效、投资者合法权益得到有效保护的多层次资本市场体系。进一步推进保险业回归本源，加快推进新时代现代保险服务业发展，促进保险业发挥长期稳健风险管理和保障的功能，更好地支持现代化经济和社会体系建设。推动绿色金融、科技金融、普惠金融加快发展，健全金融扶贫工作机制，进一步提升金融市场服务供给侧结构性改革、绿色发展、精准扶贫等国民经济重点领域和贫困地区的能力与水平，促进

经济结构调整优化和转型升级，打赢脱贫攻坚战。做好金融市场对科技创新、中国制造2025、国企改革、区域经济协调发展、军民融合发展、乡村振兴、污染防治等国家重大战略方面的支持和服务。

（二）继续做好防范和化解金融风险工作

健全金融市场监管体系，加强统筹监管，把主动防范化解系统性金融风险放在更加重要的位置。立足金融服务实体经济本质要求，加强金融监管和风险监测评估预警，着力防范化解重点领域金融风险，完善金融安全防线和风险应急机制，切实维护金融安全和稳定。进一步完善宏观审慎框架，探索将更多金融活动和金融市场纳入宏观审慎管理。加强金融市场依法全面从严监管，推进金融市场科技监管，提升监管科技化、智能化水平。严格规范金融市场交易行为，加大对金融市场违法违规行为惩治力度。加强对互联网金融、跨境资金流动、跨行业跨市场交叉性金融业务及各类综合经营等领域的风险监测和防范，继续稳妥有序做好互联网金融风险专项整治工作。研究制定更为规范完善的资产管理业务标准，强化实质性和穿透式监管，实现监管全覆盖。坚持积极稳妥去杠杆的总方针不动摇，把国有企业降杠杆作为重中之重，稳妥推进金融领域去杠杆。积极做好债券市场违约风险化解和处置，健全市场化、法治化违约处置机制，保护债券投资人权益。进一步规范地方政府举债行为，防范化解地方政府债务风险。完善体制机制，健全金融监管体系，充分发挥国务院金融稳定发展委员会职责，强化人民银行宏观审慎管理和系统性风险防范职责，加强金融监管统筹协调，综合施策、有效处置金融风险点，牢牢守住不发生系统性金融风险的底线。

（三）全面深化金融市场改革

继续推进利率市场化改革，从提高金融市场深度入手继续培育市场基准利率和完善国债收益率曲线，完善利率传导机制。进一步完善人民币汇率市场化形成机制，加大市场决定汇率的力度，增强人民币汇率双向浮动弹性，保持人民币在合理均衡水平上的基本稳定。积极规范发展多层次资本市场体系，着力维护资本市场稳健运行，稳步提高直接融资比重，更好地为实体经济和建设社会主义现代化强国提供金融服务。积极发展债券市场，继续促进债券市场产品和机制创新，推进资产证券化，统一监管标准，完善债券市场信息披露、信用评级、交易清算结算、会计审计税收、基础设施互联互通等方面的制度和基础设施建设。完善股票市场运行规则，规范和拓展各类资金的入市渠道，加快推进发行制度、并购重组制度改革，完善退市制度，稳步开展H股全流通试点。继续深化新三板改革，促进区域性股权市场规范发展，大力发展创业投资、天使投资。稳步推进外汇市场发展，进一步深化外汇管理制度改革，促进贸易和投资便利化，完善外汇监管和强化政策执行。深化保险市场制度建设和改革开放，优化保险市场结构，拓展保险市场的风险保障功能，加强和改进保险监管，提高保险供给体系的质量和效率，提升保险业可持续发展能力。继续推动票据市场建设和规范管理。加强黄金市场制度建设。引导衍生品市场健康发展，更好地为实体企业提供价格发现和风险管理服务。

（四）大力推进金融市场对外开放

开放包容的制度安排、有序自由的要素流动是经济长期增长的必要条件，推动我国经济高质量发展要加快形成全面开放新格局。坚持自主、有序、平等、安全的方针，稳步扩大金融市场双向开放。进一步加大金融市场对外开放力度，深入推进金融市场支持“一带一路”建设，加强金融市场基础设施互联互通与对外合作，建设面向国际的现代化金融市场体系，在立足国情的基础上促进金融市场规则与国际标准进一步接轨与提高。加快建立和进一步完善有利于保护金融消费者权益、有利于增强金融有序竞争、有利于防范金融风险的金融市场对外开放体制机制安排。在维护金融安全的前提下，进一步拓展金融市场对外开放的范围和层次，大幅度放宽境外金融机构的市场准入限制，推动金融市场全面实行准入前国民待遇加负面清单管理制度。继续推动熊猫债市场发展，稳步推进人民币国际化，扩大双边贸易投资本币结算和推进双边本币合作，进一步完善人民币跨境使用的政策框架和基础设施，稳妥有序推进人民币资本项目可兑换。

第二章 货币市场

2017年，货币市场总体运行平稳，同业拆借市场成交量有所下降，债券回购市场、同业存单市场成交量保持增长，票据业务电子化进程不断加快，银行承兑汇票仍占主导地位。市场利率整体有所上行，波动小幅加大，交易期限结构有所优化。市场基础设施建设和交易配套制度进一步健全。

一、同业拆借市场

2017年，全国银行间同业拆借市场整体运行平稳，市场主体结构不断优化，交易规模有所下降，利率中枢上行，波动幅度和频率增大，交易期限仍以短期为主。

（一）同业拆借市场的运行情况

2017年，同业拆借市场累计成交78.98万亿元，日均成交3 146.66亿元，12月的月成交量8.3万亿元为年内最高，10月的月成交量5.48万亿元为年内最低。同业拆借全年加权平均利率为2.77%，最高点为9月30日的3.6668%，最低点为1月9日的2.1948%。

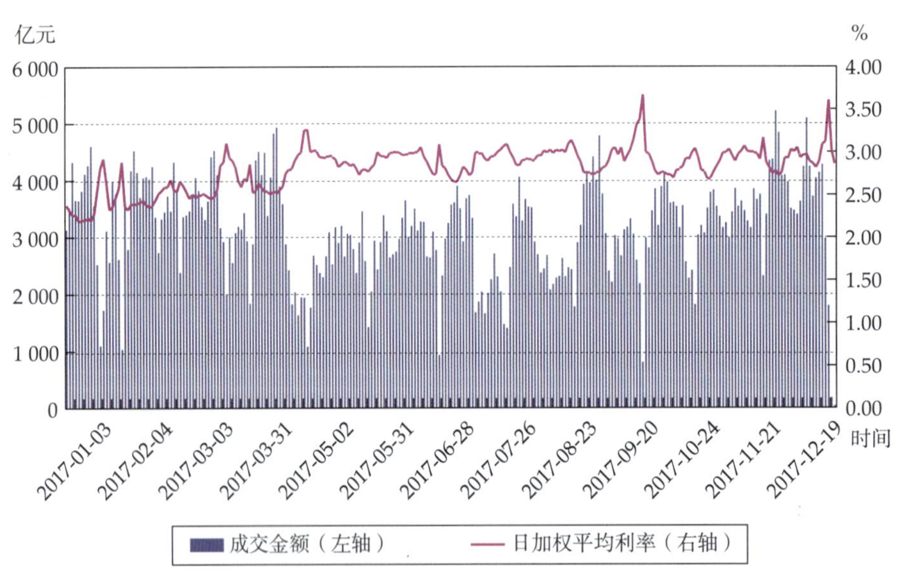

数据来源：全国银行间同业拆借中心。

图2-1 2017年同业拆借交易量和利率走势

同业拆借交易期限仍以短期为主，7天期以内交易合计76.03万亿元，占总交易量的96.27%，较上年下降0.96个百分点。其中，隔夜交易品种累计成交67.98万亿元，占总交易量的86.07%，较上年下降1.48个百分点；7天期拆借交易占比为10.20%，较上年上升

0.52个百分点；14天至3个月期限拆借交易占比为3.57%，较上年上升0.96个百分点；3个月以上期限拆借交易占比为0.16%，与上年持平。

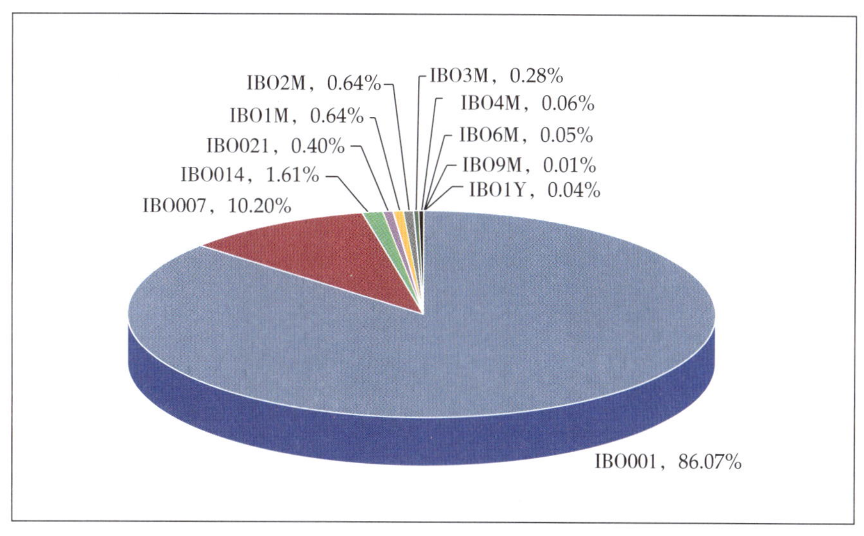

数据来源：全国银行间同业拆借中心。

图2-2 2017年同业拆借交易期限结构

同业拆借市场交易主体为银行类金融机构，占交易量的87.26%。其中，股份制商业银行的交易占比最大，为38.21%，大型商业银行、城市商业银行和政策性银行占比分别为16.11%、15.24%和8.28%。非银行金融机构中，证券公司、财务公司交易较为活跃，占比分别为7.68%和3.52%。

2017年，同业拆借市场净拆出量最大的机构为政策性银行，全年累计净拆出12.27万亿元，占净拆出总量的39.51%。其次是大型商业银行和股份制商业银行，净拆出量分别为10.86万亿元和6.42万亿元，占比分别为34.99%和20.67%。城市商业银行、证券公司和财务公司的净拆入量最大，分别为12.19万亿元、12.00万亿元和3.74万亿元，净拆入占比分别为39.27%、38.65%和12.04%。

（二）同业拆借市场运行的主要特点

1. 市场参与成员逐步丰富

2017年，市场参与主体数量持续增长，同业拆借市场机构成员年末达到1 958家，较上年增加233家。市场参与成员类型逐步丰富，由2016年的九大类增加为2017年的十大类，消费金融公司作为新一类金融机构进入同业拆借市场，年末共4家消费金融公司成为同业拆借市场成员。此外，工商银行多哈分行作为境外人民币清算行加入同业拆借市场，年末共10家境外人民币清算行成为同业拆借市场成员。

2. 交易规模下降

2017年，同业拆借市场交易规模较上年下降17.65%，较2016年约50%的增长率下降了近70个百分点，为2007年《同业拆借管理办法》（中国人民银行令〔2007〕第3号）发布以来的第二次负增长。其中4~9月和11月的月成交量同比下滑，其余月份同比增加，且5~8月的月成交量下滑幅度最大，每月均较上年同期减少40%左右。

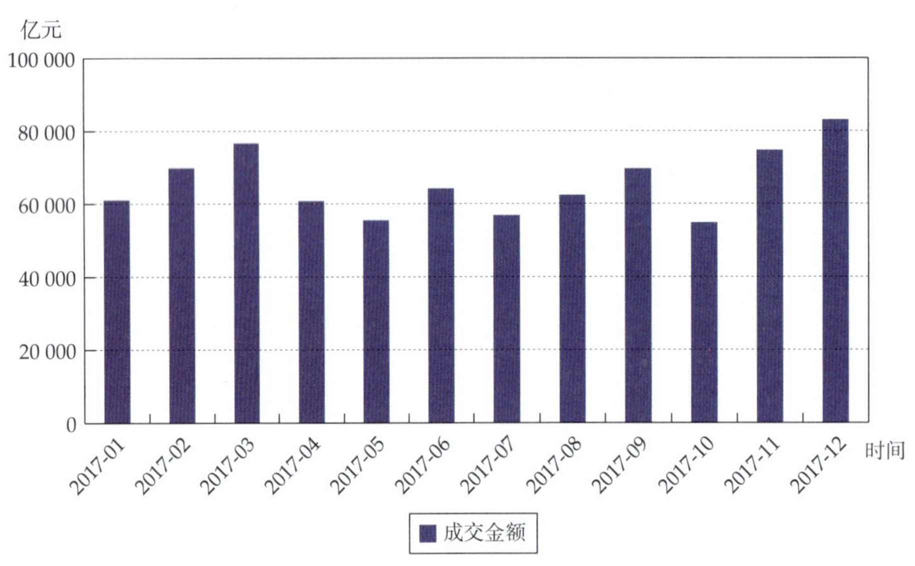

数据来源：全国银行间同业拆借中心。

图2-3 2017年同业拆借市场各月成交规模

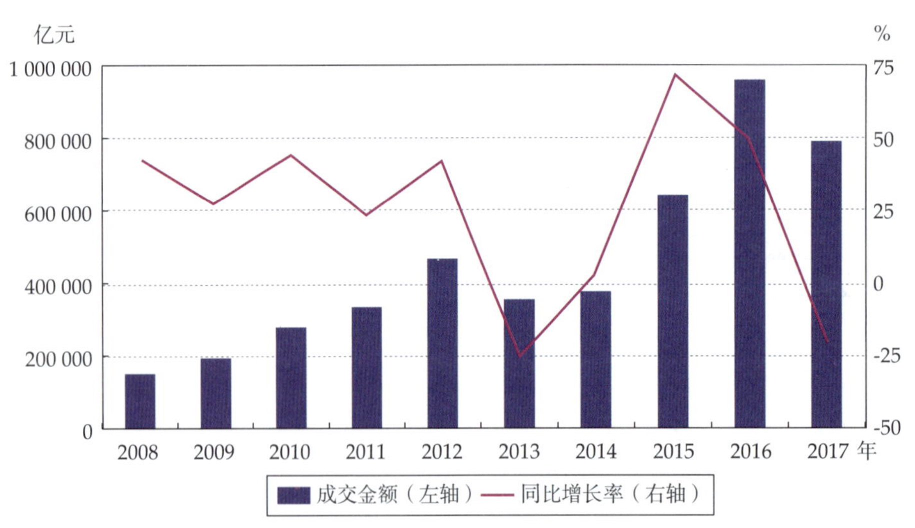

数据来源：全国银行间同业拆借中心。

图2-4 2008—2017年同业拆借市场成交量和增长率

3. 利率中枢有所上行，波动幅度加大

2017年，同业拆借市场成交利率同比上升59.41个基点。全年日加权成交利率最高值和最低值的极差为147.20个基点，较上年增加60.23个基点。2017年，隔夜和7天拆借日加权成交利率的波动率分别为21.32个基点和30.94

个基点，较2016年分别增加10.13个基点和17.33个基点。

4. 非银行金融机构拆入利差扩大

2017年，非银行金融机构拆入成本仍然普遍高于银行，利差较上年有所扩大。非银行金融机构拆入资金的加权平均利率为3.02%，较市场平均水平高24.95个基点，较银行类金融机构高出32.11个基点，利差分别较上年扩大10.16个基点和12.34个基点。此外，中长端资金成本的利差大幅增加，7天期以上交易品种与市场平均水平的利差同比均增加约20个基点，隔夜和7天交易品种与市场平均水平的利差同比分别增加3.64个基点和9个基点。

（三）同业拆借市场发展展望

银行间同业拆借市场将步入新的发展阶段。一是同业拆借市场开放力度将进一步扩大，成员数量将继续保持增长态势，交易主体将更加丰富，成员结构更加优化。二是市场化进程将进一步加快，市场基础设施更加完善，交易报价、交易达成、资金清算、数据统计等基础设施服务水平进一步提升。三是监督管理体系将更加完善，立足宏观审慎风险管控，事中事后管理进一步强化，有效防范市场风险。

二、债券回购市场

2017年，债券回购市场运行总体平稳，市场制度和基础设施建设不断完善，回购市场交易规模继续扩大，回购利率上行，利率波动性有所加大，中长期限交易量占比有所上升，质押券结构持续优化。

（一）债券回购市场的运行情况

2017年，债券回购市场累计成交854.2万亿元，同比增长4.51%。其中，银行间债券回购市场累计成交616.37万亿元，同比增长2.51%；交易所债券质押式回购累计成交256.67万亿元，同比增长11.19%。在银行间债券市场中，质押式回购累计成交588.26万亿元，同比增长3.52%；买断式回购累计成交28.11万亿元，同比减少14.90%。在交易所市场中，上海证券交易所质押式回购累计成交237.83万亿元，同比增长9.86%；深圳证券交易所质押式回购累计成交18.84万亿元，同比增长31.32%。

银行间债券回购市场利率水平及波动幅度较上年均有所上升。质押式回购加权平均利率为2.92%，较2016年上升73个基点。最高点为12月29日的4.84%，最低点为1月9日的2.16%，利率极差为268个基点，较2016年上升160个基点。买断式回购日加权平均利率为3.32%，较2016年上升77个基点，利率极差为250个基点，较2016年上升97个基点。

交易所质押回购市场利率水平较上年上升，波动幅度加大。1天回购定盘平均利率为4.10%，较上年上涨152个基点，最高点为16.79%，最低点为1.12%；7天回购定盘平均利率为4.07%，较上年上涨140个基点，最高点为12.90%，最低点为1.94%。

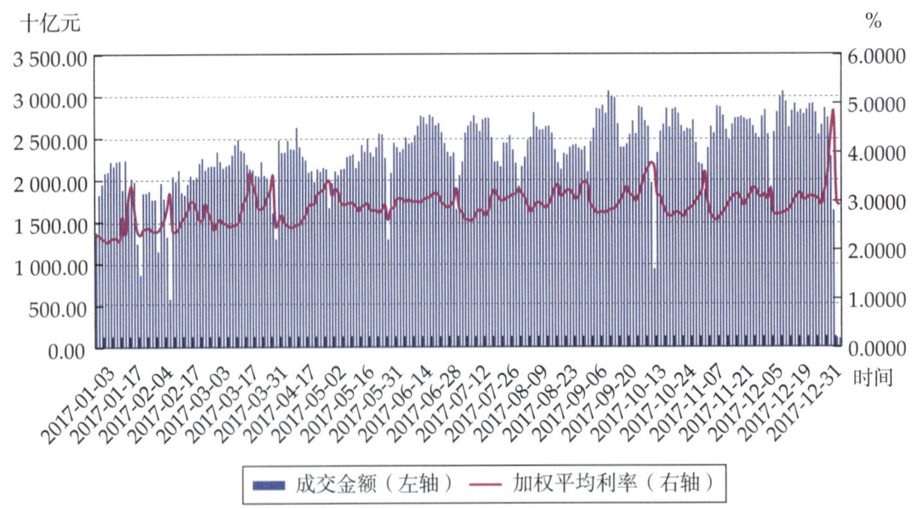

数据来源：中国货币网。

图2-5 2017年银行间市场质押式回购成交量价

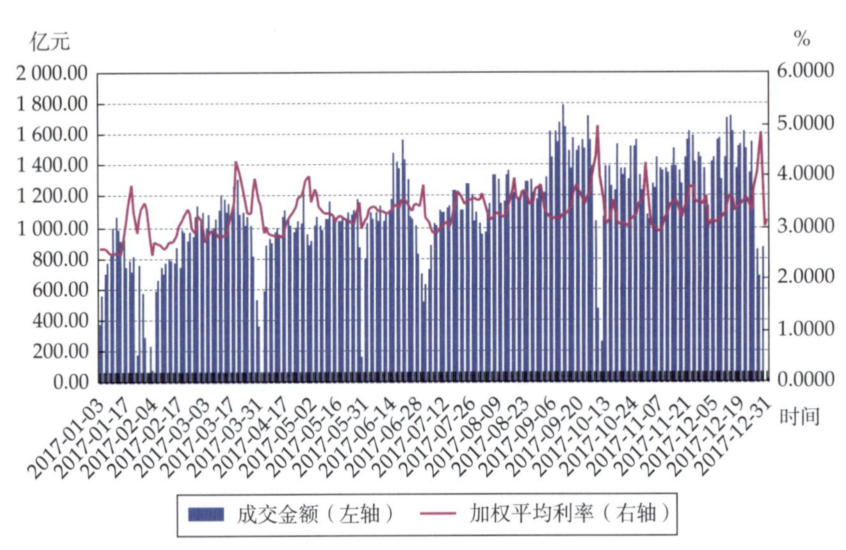

数据来源：中国货币网。

图2-6 2017年银行间市场买断式回购成交量价

（二）债券回购市场运行的主要特点

1. 回购市场交易规模整体小幅增长，买断式回购交易量再次下降

2017年，银行间债券回购市场成交规模小幅增长，比上年同期增加15.07万亿元，增长率较上年下降28.85个百分点。其中，买断式回购累计交易量较上年同期减少14.90%，自2011年以来首次下降，自2004年银行间债券市场开展该项业务以来，该项业务交易量第二次下降。交易所回购市场规模保持相对稳定，全年交易额为256.67万亿元，增长率为11.19%。

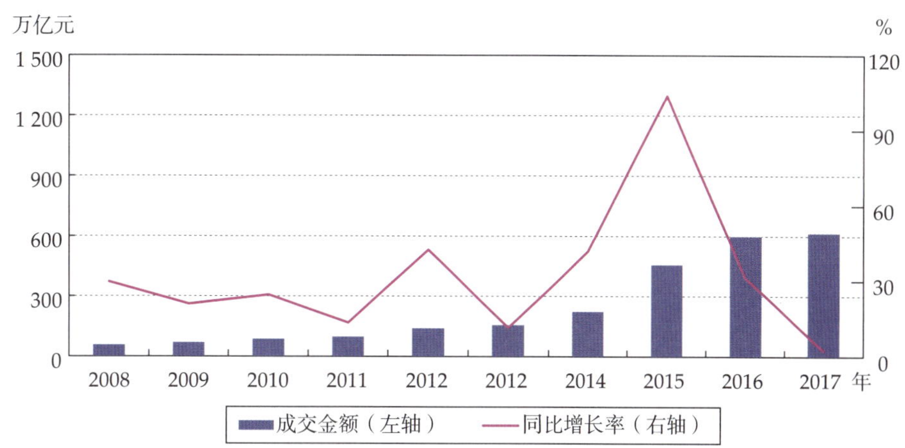

数据来源：中国货币网。

图2-7　2008—2017年银行间市场债券回购交易规模及增长率

2. 交易期限结构仍以短期为主，但中长期交易占比呈现上升趋势

在交易期限结构方面，7天期以内的质押式回购交易占比为93.68%。7天以上质押式回购交易占比为6.32%，较2016年上升2.72个百分点，其中，14天品种交易占比为4.02%，较2016年上升1.59个百分点，21天及以上的交易成交占比2.30%，较2016年上升1.17个百分点。买断式回购交易期限结构中，7天以上的交易占比为10.25%，较2016年上升3.66个百分点。

交易所回购市场也是以7天内短期回购为主，占比为98.1%。2017年，交易所7天期和14天期回购交易量合计占比为8.8%，较2016年全年平均水平上升了2.1个百分点。

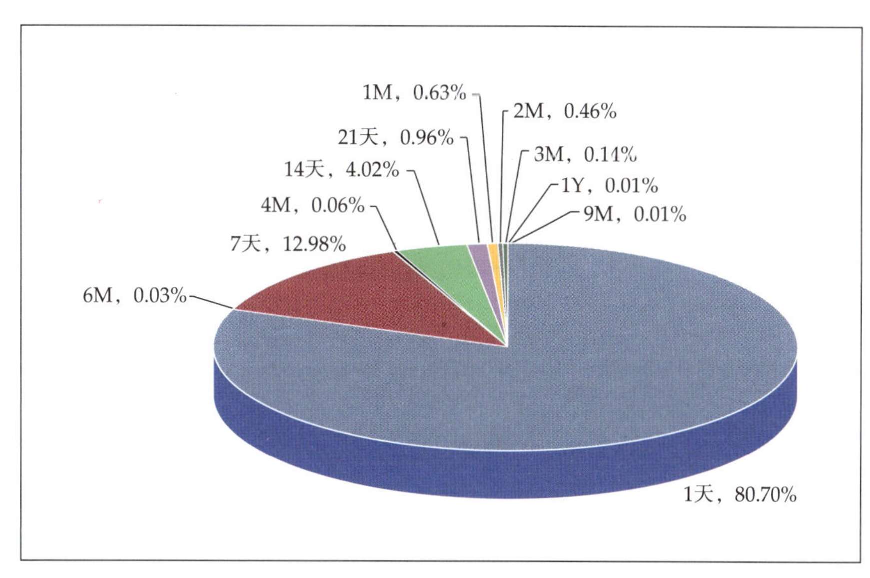

数据来源：中国货币网。

图2-8　2017年银行间市场质押式回购交易期限结构

3. 政府债券、政策性金融债是回购交易主要标的

2017年，以政策性金融债作为回购标的的交易占比由42.05%下降为39.88%，下降了2.17个百分点，延续了2016年的下降趋势；以政府债券作为回购标的的交易占比由32.57%上升为33.95%，上升了1.38个百分点；以短期融资券、超短期融资券、中期票据和企业债券为标的的质押式回购占比为11.58%，较2016年下降了2.13个百分点。

2017年，以政府债券和政策性银行债为标的的买断式回购占比为58.75%，较2016年上升10.80个百分点。其中，以政策性银行债作为回购标的的买断式回购占比由35.25%上升为39.44%，上升了4.19个百分点；以政府债券作为回购标的的买断式回购占比为19.31%，上升了6.62个百分点；以短期融资券、超短期融资券、中期票据、集合票据和企业债券为标的的买断式回购占比由44.48%下降为22.50%。其中，回购标的为企业债券的买断式回购出现较大幅度下降，其成交占比由17.93%下降为8.67%，延续了2016年的下降趋势。

交易所回购市场质押券结构持续优化，质押券以利率债和AAA级信用债为主，占比76.3%，较上年同期上升9.6个百分点。具体来看，质押券结构中，利率债占比22.2%，与上年持平，AAA级信用债占比54.1%，比上年同比上升9.6个百分点，AA+及以下级信用债占比23.7%，比上年同比下降9.6个百分点。

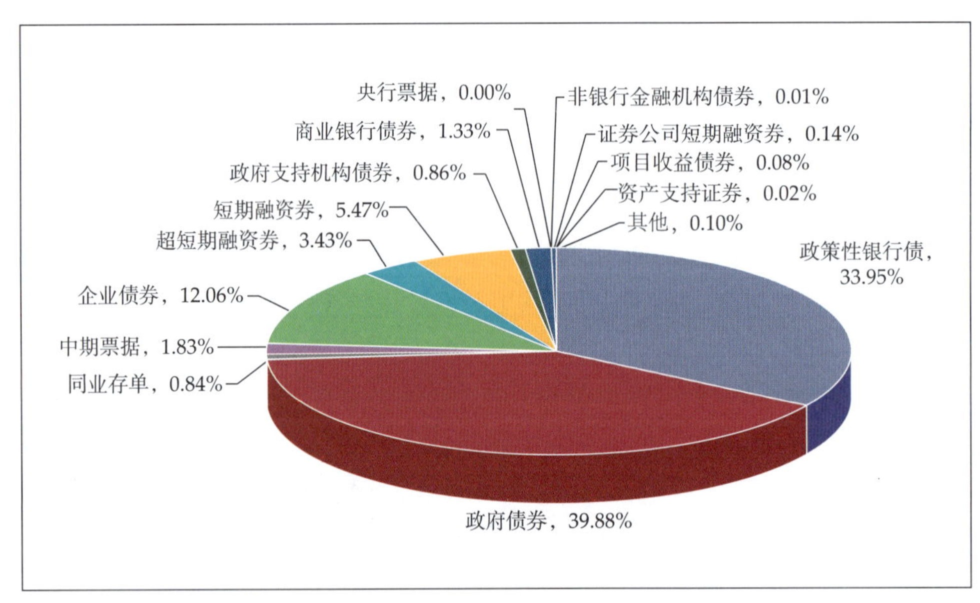

数据来源：中国货币网。

图2-9 2017年银行间债券市场质押式回购交易标的结构

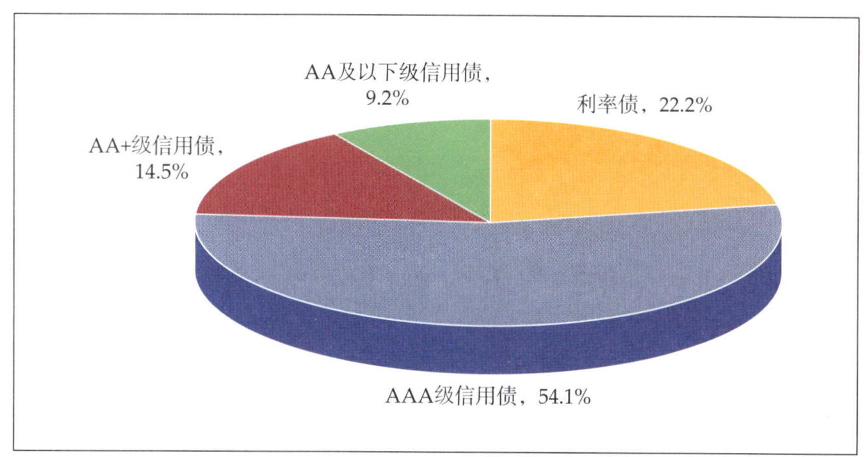

数据来源：中国证券登记结算有限责任公司。

图2-10 2017年交易所债券市场回购质押券结构

4. 政策性银行、大型商业银行和股份制商业银行资金净融出

从资金净流向来看，融出资金前三位的机构分别是政策性银行、大型商业银行和股份制商业银行，净融出资金分别为107.59万亿元、72.73万亿元和34.83万亿元；融入资金前三位的机构分别是非法人金融产品、农村金融机构和非银行金融机构，净融入资金分别为80.76万亿元、54.44万亿元和42.22万亿元。

5. 回购利率的波动性加大

2017年，质押式回购利率日加权平均利率的标准差为0.34，较2016年的0.20增长了68.21%；买断式回购日加权平均利率之间的标准差为0.39，较2016年的0.24增长了62.57%。以交易占绝对比重的质押式回购为例，从日加权平均利率与全年加权平均利率间的绝对差值来看，2017年回购利率的波动性也有所加大。

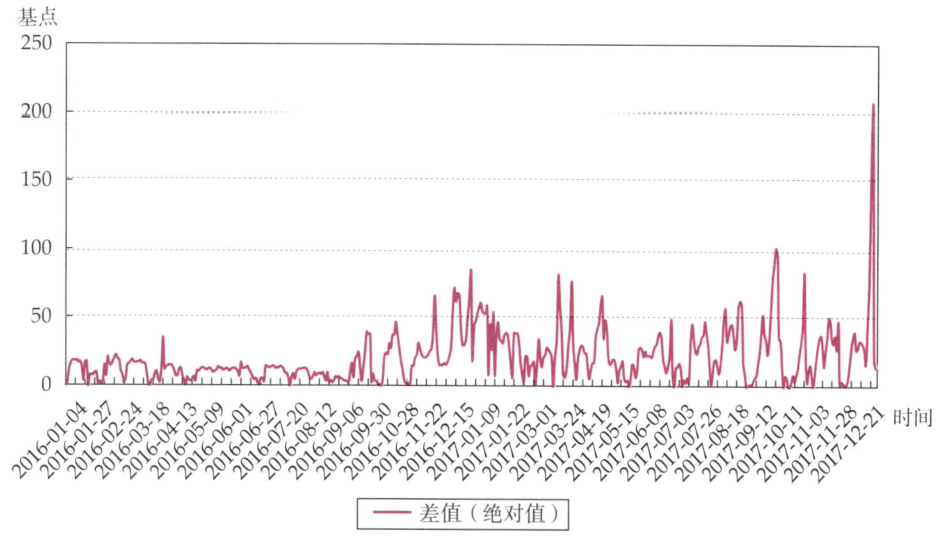

数据来源：中国货币网。

图2-11 2016—2017年债券回购利率与同业拆借利率利差情况

6. 债券回购市场规范性要求加强

2017年12月29日，中国人民银行、银监会、证监会、保监会共同印发《关于规范债券市场参与者债券交易业务的通知》（银发〔2017〕302号），进一步明确回购交易的内部控制与风险管理，规范回购交易行为，并将杠杆控制在合理水平；为实现平稳有序降低债券市场风险的目标，同时也规定了一年时间为过渡期，引导市场参与者在过渡期内，完善内部风控机制建设与管理，规范回购交易行为，有效控制债券交易杠杆比率。

中国证券登记结算有限公司（以下简称中国结算）发布《质押式回购资格准入标准及标准券折扣系数取值业务指引（2017年修订版）》（中国结算发字〔2017〕47号），按照新老划断原则提高信用债券的回购入库标准，促进质押券结构持续优化。沪深交易所修改了相关业务规则，完善质押式回购利率形成机制，提高回购利率稳定性。中国结算和沪深交易所联合发布《债券质押式回购融资主体数据报送指引》（中国结算发字〔2017〕153号）及相关报表，建立回购数据报送和风险监测机制，全面加强市场主体动态监测和预警，保障回购市场健康发展。

（三）债券回购市场发展展望

2018年，我国债券回购市场将保持平稳健康发展。银行间债券回购市场的成交规模可能会保持平稳，回购交易期限长期化趋势可能会继续，债券回购市场投资者类型将会进一步丰富，市场结构更趋合理。交易所债券回购市场未到期规模将整体保持稳定，市场整体杠杆水平将稳中有降，回购质押券结构有望进一步优化。交易所债券回购市场体系进一步完善，沪深交易所将在现有质押式回购、协议回购基础上推出三方回购业务，更好地服务各类机构投资者。

三、同业存单市场

2017年，同业存单市场发展较快，发行和托管规模大幅增加，发行及认购主体有序扩容；在流动性紧平衡格局下，发行利率持续走高，发行短期化特征明显；二级市场交投活跃，流动性水平不断提升。

（一）同业存单市场的运行情况

2017年，共有547家机构发行同业存单，较上年增加54家；发行只数26 954只，较上年增加10 483只；发行金额20.2万亿元，同比增长54.9%；认购主体数量为4 779家，较上年增加2 655家。年末，同业存单余额8万亿元，同比增长27.5%。

2017年，同业存单二级市场交易累计成交631 578笔，成交金额112.9万亿元，同比增长61.0%。其中，交易方式以质押式回购为主，成交金额71万亿元，同比增长45.8%，占总成交金额的62.9%；以现券买卖方式达成交易37.1万亿元，同比增长87.4%，占总成交金额的32.8%；以买断式回购方式达成交易4.8万亿元，同比增长190.8%，占总成交金额的4.3%。以债券借贷方式达成交易9.8亿元。

（二）同业存单市场运行的主要特点

1. 发行规模大，发行主体仍以城市商业银行和股份制商业银行为主

自2013年末推出以来，同业存单市场发展迅速，2014—2016年发行规模年均增速均超过100%。2017年，同业存单发行金额增速为54.9%，较上年有所下降，但在主要发行

品种中仍居首位。受资金面因素影响，同业存单逢季末发行量较大，全年季度平均发行金额为5万亿元。第二季度，同业业务监管趋严，发行金额降至全年最低的4.5万亿元；第三季度，债市行情较为平稳、到期高峰带来续发压力，发行金额反弹至全年最高的5.4万亿元。

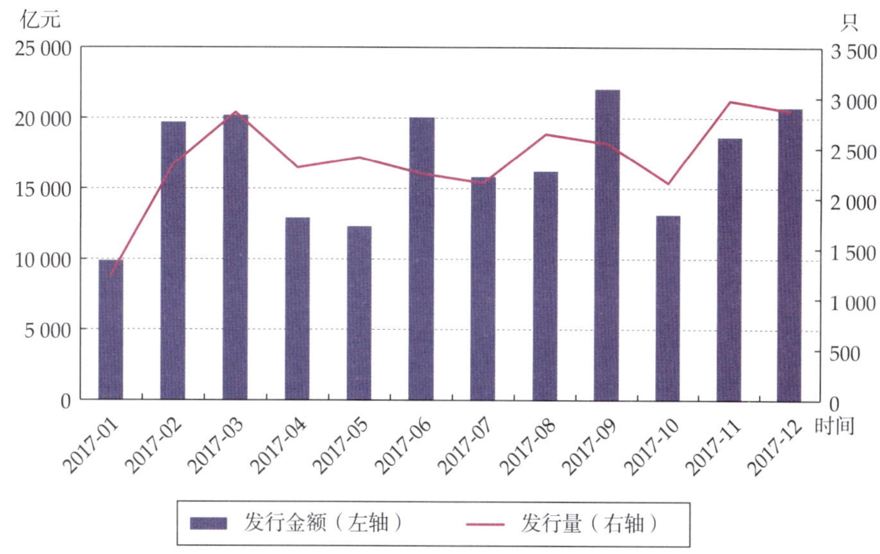

数据来源：中国外汇交易中心。

图2-12 2017年同业存单月度发行情况

城市商业银行成为同业存单最大发行人，发行金额8.8万亿元，占比43.5%，较上年上升6.2个百分点。股份制商业银行受同业存单纳入MPA考核政策出台影响，发行增速明显趋缓，全年发行金额8.4万亿元，占比41.6%，较上年下降5.8个百分点。农村金融机构、大型商业银行及其他存款类机构发行金额占比基本稳定。

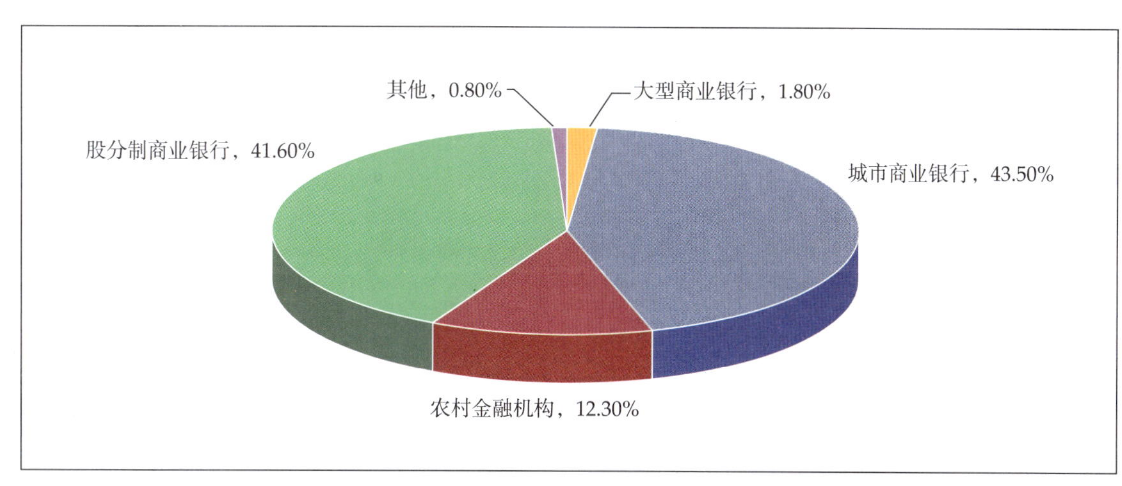

数据来源：中国外汇交易中心。

图2-13 2017年同业存单发行主体结构

2. 发行利率持续走升，基本围绕Shibor波动

同业存单发行利率持续走高。2017年末，作为市场标杆的股份制商业银行3个月期同业存单平均发行利率创年内新高，较年初大幅上行120个基点至5.4%，其余品种发行利率也不同程度走升。伴随着资金面状况的松紧变化，短期限品种发行利率波动大于较长期限品种，1个月、3个月、6个月期同业存单平均发行利率全年振幅分别为192个、156个和139个基点。

数据来源：Wind资讯。

图2-14　2017年各期限同业存单发行利率走势

2017年，同业存单发行利率基本围绕Shibor基准利率波动。以股份制商业银行3个月期同业存单为例，除年初、第二季度末及第三季度初等少数时点外，同业存单发行利率与同期限Shibor利差基本保持在25个基点以内。

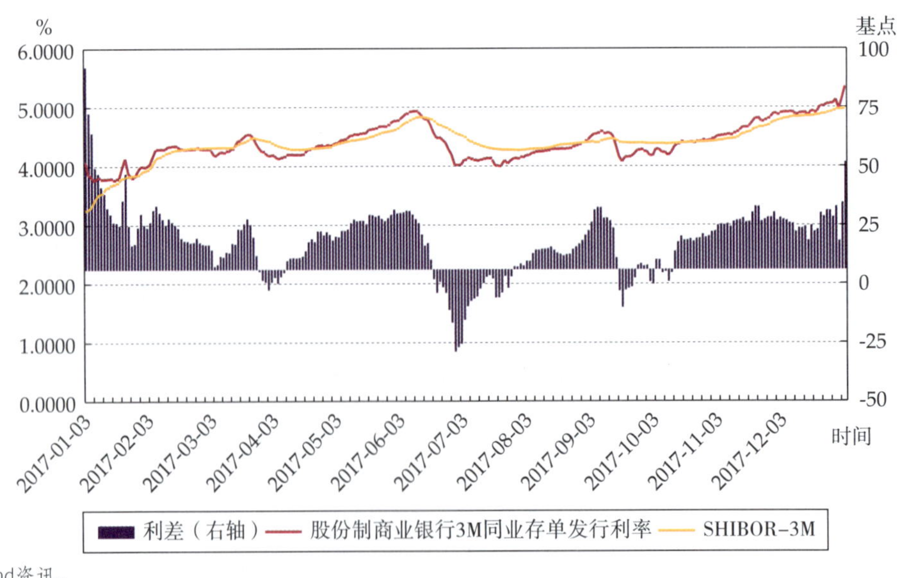

数据来源：Wind资讯。

图2-15　2017年3个月期同业存单发行利率及利差走势

3. 发行期限结构趋于短期化

为引导同业存单市场规范有序发展，8月31日，人民银行发布2017年第12号公告，修改《同业存单管理暂行办法》（中国人民银行公告〔2013〕第20号）中关于发行期限的相关规定。自2017年9月1日起，金融机构不得新发行期限超过1年（不含）的同业存单，此前已发行的1年期（不含）以上同业存单可继续存续至到期。

伴随着货币市场利率和债券收益率的抬升，叠加引导同业存单回归货币市场工具本质的政策导向，2017年同业存单发行短期化特征明显。全年同业存单发行期限以1个月、3个月、6个月为主，发行规模分别占总发行金额的21.1%、40.6%和21.1%，较上年分别上升4个、上升12.9个和下降4.1个百分点。9个月、1年及1年以上期限品种发行金额占比分别为4.7%、12.1%和0.4%，较上年分别下降1.7个、10.8个和0.2个百分点。

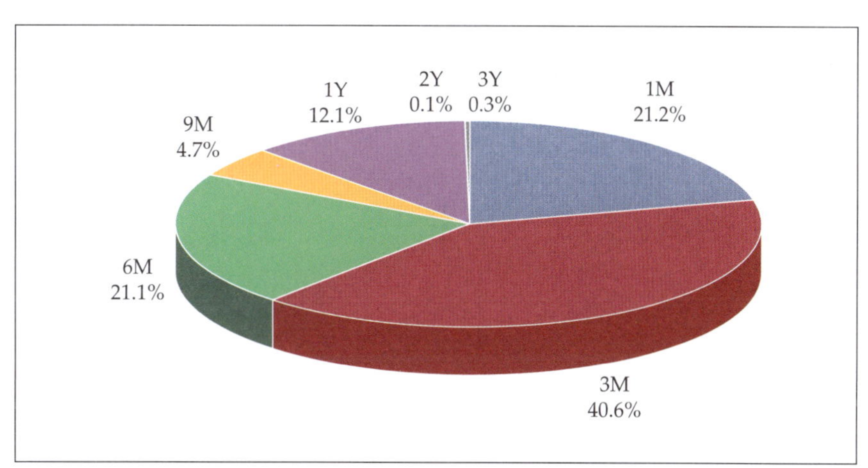

数据来源：中国外汇交易中心。

图2-16 2017年同业存单发行期限结构

4. 认购主体更加丰富，广义基金大幅增持

从认购主体结构看，商业银行认购金额最多，占比近半，但较上年下降1.7个百分点。广义基金次之，认购金额占比35.3%，较上年下降2.9个百分点。非银金融机构认购金额较上年大幅增长235%，占比9.5%，较上年上升5.1个百分点。其余类型机构认购金额较小，占比变动不大。

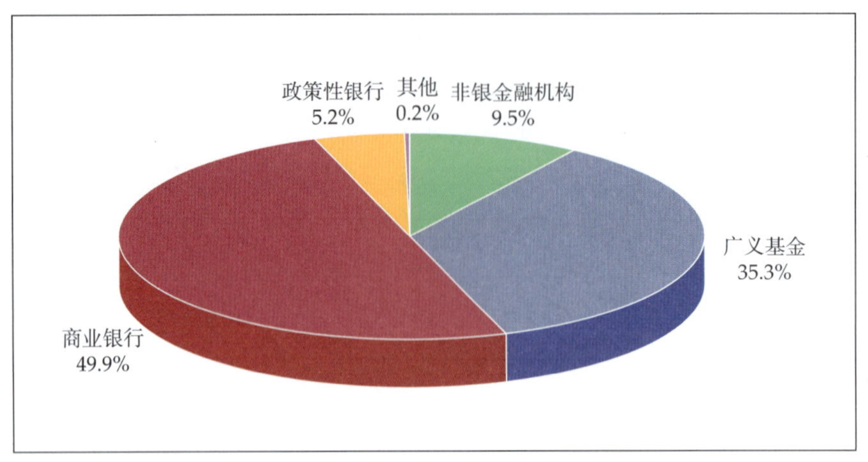

数据来源：中国外汇交易中心。

图2-17 2017年同业存单认购主体结构

2017年末，广义基金大幅增持同业存单，超越商业银行成为最大持有者，占总余额的47%，较上年末提升11.9个百分点。非银金融机构对同业存单也有所增持，占10.3%，较上年末提升3.4个百分点。受资产规模5 000亿元以上的银行发行的1年期以内同业存单纳入MPA同业负债占比指标的影响，商业银行和政策性银行减持同业存单，年末持有规模占比分别为33.8%和7%，较上年末分别下降13.9个和3.2个百分点。

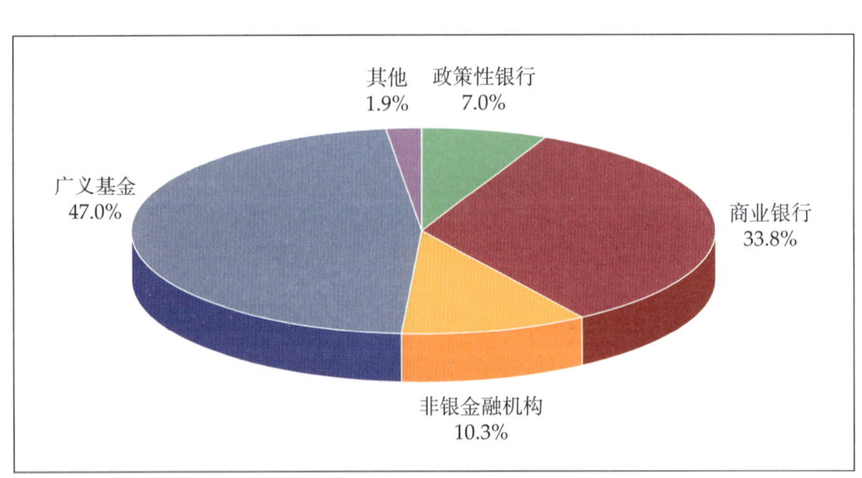

数据来源：上海清算所。

图2-18 2017年末同业存单持有者结构

5. 二级市场流动性增强，活跃度居主要券种之首

同业存单二级市场交易与发行呈现类似特征，季末成交量较大。2017年，同业存单成交规模逐季递增，市场流动性水平不断提高，全年季度平均成交金额28.2万亿元，季均换手率达395%，超过政策性银行债、短期融资券等传统活跃品种，跃升主要券种之首。

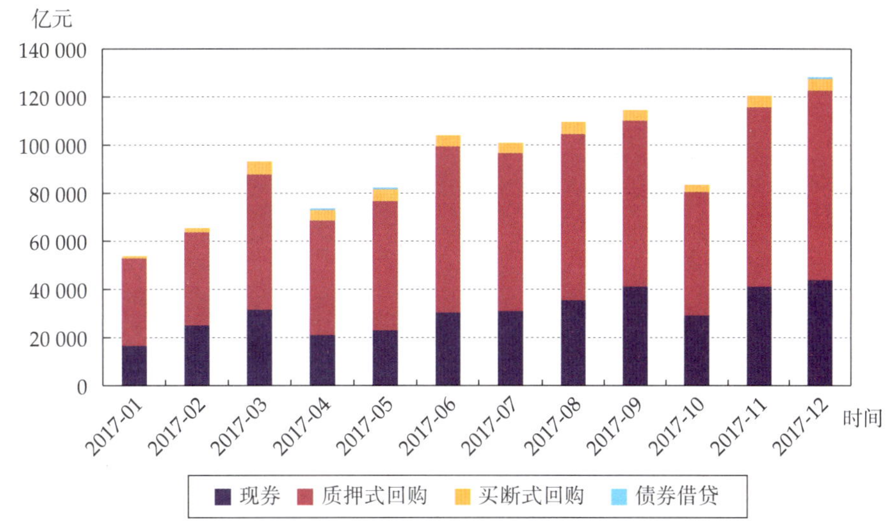

数据来源：中国外汇交易中心。

图2–19 2017年同业存单月度成交情况

（三）同业存单市场发展展望

2018年，同业存单市场将进一步规范，实现平稳、有序、健康发展。在高基数效应和稳健中性的货币政策下，同业存单发行增速将有所放缓；同业存单发行利率与中长端Shibor的相关性进一步提高，促进金融机构自主定价能力；同业存单发行期限将适当缩短，促使同业存单回归其调剂金融体系内部资金余缺的本质属性；随着存量规模的增长、交易机制的优化以及银行间市场对外开放的持续推进，同业存单二级市场活跃度有望进一步提高，参与主体类型也将更为丰富。

四、票据市场

2017年，我国票据市场规模继续收紧，利率中枢有所上行，票据市场基础设施和交易制度进一步完善，票据电子化进程继续加快，在支持实体经济和中小企业融资方面发挥了重要作用。

（一）票据市场的运行情况

1. 签发承兑业务

票据承兑业务降幅趋缓。2017年，企业累计签发商业汇票17.0万亿元，同比下降6.1%，较上年少降13.2个百分点。期末商业汇票未到期金额为8.2万亿元，同比下降9.5%，较上年少降3.8个百分点。其中，票据承兑余额前三季度持续下降，第四季度有所企稳，2017年末余额较9月末上升434亿元、较年初下降8 544亿元[①]。

电子商业汇票（以下简称电票）承兑发展迅速，且以银行承兑汇票为主。2017年，电票累计承兑13.02万亿元，同比增长51.75%，其中，银行承兑汇票（以下简称银票）11.12万亿元，商业承兑汇票（以下简称

① 承兑、贴现总量数据均来源于《2017年第四季度中国货币政策执行报告》。

商票）1.9万亿元。纸质商业汇票（以下简称纸票）业务大幅下降。据统计，全年主要商业银行累计承兑纸票1.69万亿元，同比大幅下降69.23%。

2. 贴现及交易业务

票据融资下降后逐步企稳。2017年，金融机构累计贴现40.3万亿元，同比下降52.4%；期末贴现余额为3.9万亿元，同比下降28.9%。前三季度票据融资余额持续下降，第四季度票据融资余额小幅回升，2017年末余额较9 月末上升1 410亿元、较年初下降1.6万亿元。票据融资余额占各项贷款的比重为3.2%，同比下降1.9个百分点[①]。

贴现及交易均以电票业务为主[②]。贴现业务中，年末未到期贴现余额中电票占比96.9%，累计贴现量中电票占97.1%。转贴现和质押式回购交易业务中，纸票和电票交易呈现一定的结构性差异。电票转贴现44.48万亿元、质押式回购6.92万亿元，分别占比86.54%、13.46%；纸票转贴现1 134.89亿元、质押式回购6 658.69亿元，分别占比14.56%、85.44%。纸票通过票据交易系统线上交易提升了市场活跃度，进一步发挥了票据的短期流动性调节功能。从期限结构看，纸票质押式回购中，隔夜回购占全部回购交易的76.54%。

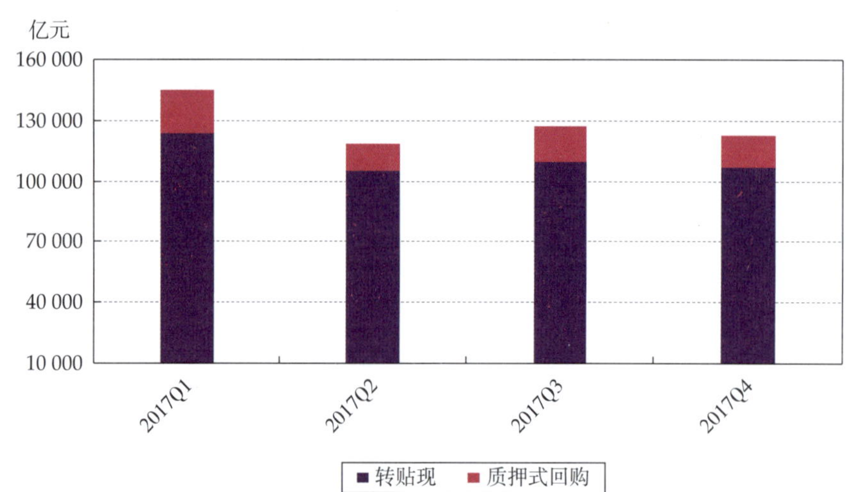

图2-20　2017年各季度电票交易业务开展情况

3. 票据市场利率

2017年，票据市场利率明显高于上年。全年电票贴现、转贴现和质押式回购加权平均利率分别为4.89%、4.28%和3.85%，较上年分别提高157个、128个和88个基点，与货币市场利率走高趋势一致。

票据贴现、转贴现和质押式回购之间利差扩大。2017年，贴现加权平均利率高出转贴现63个基点，较上年扩大31个基点。主要原因是“营改增”后，贴现环节税收成本上升，商业银行加大贴现和转贴现之间利差以弥补成本。转贴现利率高出质押式回购41个基点，较上年扩大38个基点。主要原因是在中性适度的流动性和强监管的环境下，转贴

① 根据人民银行统计口径，票据融资包括贴现、转贴现和质押式回购。
② 票据贴现及交易结构占比，均取自票交所票据交易系统、ECDS数据。

现对银行信贷资源和资本占用成本上升，影响了转贴现与质押式回购之间的利差。

银票和商票价差有所缩小。全年电子商票贴现、转贴现加权平均利率分别为5.67%、4.57%，分别高出电子银票87个、31个基点，较上年分别下降71个、47个基点，商票的市场认可程度有所提高。

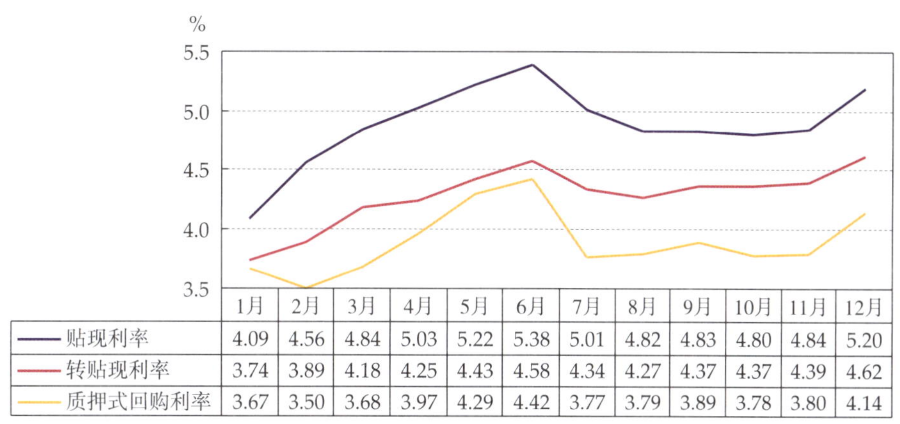

	1月	2月	3月	4月	5月	6月	7月	8月	9月	10月	11月	12月
贴现利率	4.09	4.56	4.84	5.03	5.22	5.38	5.01	4.82	4.83	4.80	4.84	5.20
转贴现利率	3.74	3.89	4.18	4.25	4.43	4.58	4.34	4.27	4.37	4.37	4.39	4.62
质押式回购利率	3.67	3.50	3.68	3.97	4.29	4.42	3.77	3.79	3.89	3.78	3.80	4.14

图2-21　2017年电票业务月加权平均利率走势

（二）票据市场运行的主要特点

1. 票据市场规模仍呈下降趋势

受票据市场规范治理、金融去杠杆进程加快等因素影响，票据业务规模连续两年下降。一是在金融去杠杆政策作用下，通过期限错配交易、放大杠杆的票据行为减少。二是票据市场交易透明度提升，过去一些不规范的票据行为空间被压缩，通过票据交易绕规模现象大幅减少。三是监管部门加大检查处罚力度，2017年银监会对涉及票据违规行为的行政处罚达400余件。

2. 票据业务是中小企业的重要融资渠道

票据作为贸易和中小企业融资的重要工具，在制造业、批发和零售业等行业运用广泛。从票据交易系统纸票统计看，行业结构中，制造业、批发和零售业企业作为承兑业务出票人的，占比73.24%；作为贴现业务贴现人的，占比82.05%。企业规模结构中，票据承兑出票人为中小企业的，占比达到64.94%，中小企业申请的贴现业务量占到总贴现业务量的83.63%。

3. 票据业务电子化水平大幅提高

票据市场电票占比大幅提升，纸票电子化进度加快。一方面，源于政策推动，《关于规范和促进电子商业汇票业务发展的通知》（银发〔2016〕224号）要求自2017年1月1日起，单张金额在300万元以上的商业汇票必须通过电票系统办理；另一方面，2016年票据市场风险案件频发后，更多的企业和金融机构选择使用电票或将纸票电子化，以降低操作风险。

4. 票据风险案件得到有效控制

随着票据市场制度建设逐步推进完善，以及票据业务治理力度的加大，监管部门也加大票据业务监督检查和对违法违规行为的处罚力度，金融机构票据业务操作和内控管理更加规范，违法违规操作受到遏制，票据市场风险案件数量相比前几年明显下降。

（三）票据市场制度和基础设施

1. 票据市场基础设施建设逐步加强

一是票据交易系统功能逐渐完善，基本可以满足市场参与者票据登记、托管、交易、结算等基础性操作需要，接入机构不断增加。二是纸票和电票融合步伐加快，电票交易初步融入票据交易系统，执行票据转贴现和回购交易相关规则。三是再贴现业务系统正式上线。

总体来看，票据电子化的系统基础逐渐夯实，票据交易系统运行平稳，为票据市场参与者提供了高效、便捷、安全的电子化操作平台。

2. 票据业务监管力度不断加大

监管部门对票据市场监管力度持续加大。年初，银监会发文强调服务实体经济，整治市场乱象，提高金融风险防控及监管水平，针对银行业“三违反”“三套利”“四不当”等行为进行专项整治。证监会要求全面禁止通道业务，纯通道类的票据资管计划受到影响。保监会严格保险资金运用监管，坚持去杠杆、去嵌套、去通道导向。

总体来看，监管政策的密集出台，对票据市场的高风险业务起到了约束作用，诸如利用票据虚增存贷款规模、票据交易空转、违规与中介合作、票据信贷规模腾挪、违规减少资本占用、票据实物管理缺失等违规业务模式得到有效控制。

3. 票据交易管理制度进一步健全

2017年，人民银行印发《中国人民银行关于加强电子商业汇票交易管理有关事项的通知》（银发〔2017〕165号），统一纸票、电票交易规则。上海票据交易所发布了《上海票据交易所票据交易规则》（票交所发〔2017〕16号）、《上海票据交易所纸质商业汇票业务操作规程》（票交所发〔2017〕17号）、《上海票据交易所票据登记托管清算结算业务规则》（票交所发〔2017〕18号）等配套制度，进一步明确了票据交易、登记托管、清算结算操作规则，提高票据交易效率。

2017年7月，财政部、税务总局发布《关于建筑服务等营改增试点政策的通知》（财税〔2017〕58号），规定金融机构开展贴现、转贴现业务，以其实际持有票据期间取得的利息收入作为贷款服务销售额计算缴纳增值税。

（四）票据市场发展展望

1. 票据市场运行效率将进一步提高

票据市场电子化水平提高和交易模式升级，将发挥连接货币市场和实体经济的重要通道作用，提升票据市场运行效率。票据电子化有利于降低金融机构票据业务的管理成本，减少市场主体间的信息不对称，充分对接市场参与者投融资需求。商业银行总分行业务分层的管理模式，有助于集中票据资源、整合期限配置结构，提高流动性管理能力，也让分支机构可以集中精力和资源，打造适合中小企业融资需求特点的票据产品，在促进经济结构转型升级等方面发挥更重要的作用。

2. 票据市场创新将更趋规范化

随着票据市场从线下交易为主向线上交易方向发展，票据市场信息和各类经营主体的业务行为趋于透明化、规范化，各类票据主体利用监管盲点和灰色地带开展不当创新和套利空间受到限制。同时，票据市场基础设施的逐渐完善，也为监管部门提供了更加高效、精准的监测平台，金融机构票据产品创新将更加规范、更加符合中小企业和实体经济的融资需求。

3. 票据市场业务模式面临转型

在经营方式上，票据业务总行集中化交易、分支行办理承兑贴现的分工协作模式，将逐渐替代传统条线管理、分散经营的组织方式。总行集中经营转贴现、质押回购等同业交易，分支行负责承兑、贴现等产品营销，以充分发挥地域和客户优势。在盈利模式上，随着交易更为便捷和票据资产流动性的提高，在持有获利、波段操作、增值服务等票据业务传统盈利模式之外，投研能力将成为转贴现业务的核心竞争力。

第三章　债券市场

2017年，我国债券市场继续保持良好发展态势。债券市场发行规模平稳增长，但发行增速放缓，公司信用类债券发行量下降；债券交易量减少，活跃度有所下降；债券收益率整体上行，总价格指数下跌；投资者进一步丰富，债券违约事件减少，产品创新、机制创新与规范管理进一步加强，境外投资者投资力度加大，债券市场服务实体经济、推动供给侧结构性改革的作用进一步发挥。

一、债券市场的运行情况

（一）债券一级市场

1. 债券发行增速放缓

2017年，全国债券市场共发行各类债券40.82万亿元，较上年增加4.68万亿元，同比增长12.9%。其中，全国银行间债券市场发行量为36.77万亿元，同比增长14.2%，占债券市场发行总量的90.1%。交易所发行量为4.05万亿元，占债券市场发行总量的9.9%。

分券种来看，发行量最大的三个券种依次是同业存单、地方政府债券和非金融企业债务融资工具，发行量分别为20.19万亿元、4.36万亿元和3.98万亿元。其中，同业存单和金融债券同比分别增长55.4%和5.8%，地方政府债券发行量同比下降27.9%。

表3-1　2017年债券市场主要券种发行量

券种	发行量（亿元）	同比增长率（%）	券种	发行量（亿元）	同比增长率（%）
国债	38 661.8	31.2	非金融企业债务融资工具	39 813.5	-20.8
地方政府债券	43 580.9	-27.9	企业债券	3 731.0	-37.0
政府支持机构债券	2 860.0	27.1	公司债券	11 460.2	-55.5
政策性银行债	32 814.8	-2.1	资产支持证券	15 398.4	78.1
金融债券	17 353.0	24.9	国际机构债券	666.0	-47.4
同业存单	201 872.4	55.4	合计	408 212.0	12.9

注：金融债券包括银行间金融债券和交易所金融债券，其中银行间金融债券是指在中国境内设立的金融机构法人发行的金融债券，包括商业银行发行的普通金融债券、次级债、混合资本债、二级资本工具，保险公司发行的资本补充债券，以及汽车金融公司等非银行金融机构发行的债券。

数据来源：中国证监会、中央国债登记结算有限责任公司、上海清算所。

2. 托管量保持平稳增长

截至2017年末，全国债券市场托管量达到74.96万亿元[①]，较上年末增加11.29万亿元，同比增长17.7%。其中，全国银行间债券市场托管量为65.43万亿元，同比增长16.2%，占全国债券市场托管量的87.3%；交易所市场的债券托管量为9.53万亿元，同比增长21.6%，占全国债券市场托管量的12.7%。

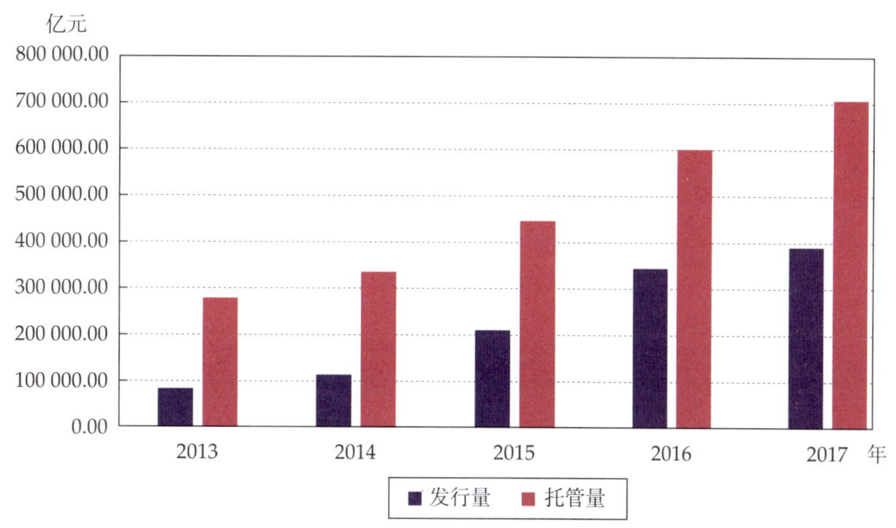

数据来源：中央国债登记结算有限责任公司、上海清算所。

图3-1　银行间债券市场发行量与托管量历史趋势

（二）债券二级市场

1. 现券交易规模同比下降

2017年，债券市场现券累计成交108.39万亿元，同比下降18.0%。其中，全国银行间债券市场现券交易量为102.84万亿元，同比下降19.1%，占全国债券市场现券成交量的94.9%。交易所现券累计成交5.56万亿元，同比增长8.4%，占全国债券市场现券成交量的5.1%。

从银行间债券市场现券交易的券种结构来看，交易量排名前三位的券种分别为同业存单、政策性银行债和国债，占比分别为36.2%、32.4%和12.8%，这三个券种交易量合计占银行间债券市场交易总量的81.4%。

① 包括交易所资产支持证券。

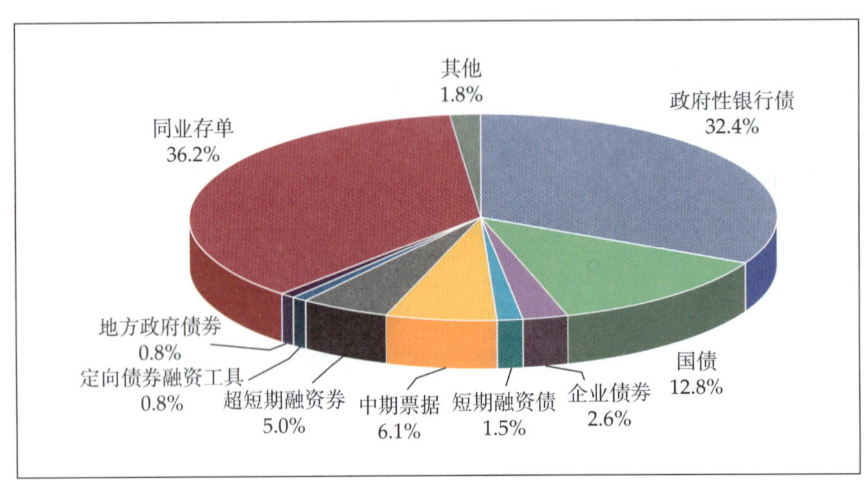

数据来源：中央国债登记结算有限责任公司、上海清算所。

图3-2 2017年银行间债券市场现券交易券种结构

从银行间债券市场现券交易的期限结构来看，待偿期为1年期以下品种、1~5年期品种、5~7年期品种、7~10年期品种和10年期以上品种成交金额分别为58.36万亿元、28.43万亿元、3.61万亿元、14.01万亿元和1.70万亿元，市场占比分别为55.0%、26.8%、3.4%、13.2%和1.6%。

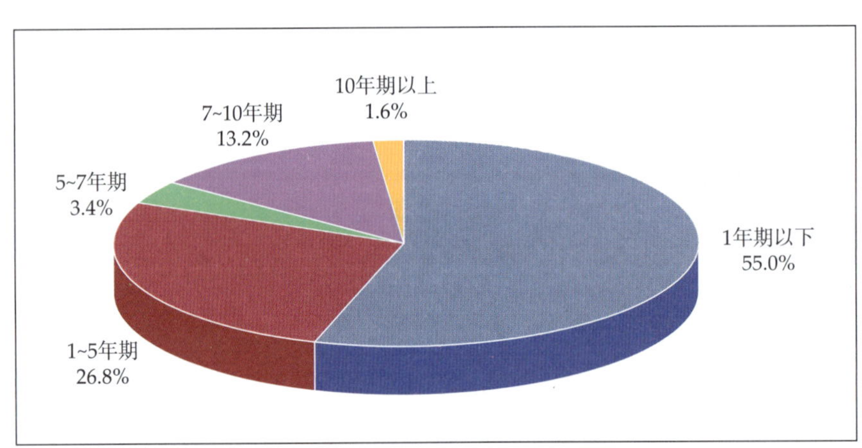

数据来源：中央国债登记结算有限责任公司、上海清算所。

图3-3 2017年银行间债券市场现券交易期限结构

2. 债券收益率整体上行，债券总价格指数下跌

2017年，银行间市场债券收益率整体呈现上行态势。1年、3年、5年、7年、10年等关键期限国债收益率平均值大幅上行92个基点[①]。其中，10年期国债收益率震荡上行，

① 此处平均指简单算术平均。

在11月下旬达到最高点3.99%后有所回落，年末为3.88%，较年初上行78个基点。信用利差有所扩大。1年、3年、5年、7年、10年等关键期限AAA级企业债与国债利差在3月达到高点后缓慢下降，11月开始迅速上升并达到新高，年底关键期限平均利差较年初扩大43~152个基点①。

总价格指数出现下跌。中债总净价（总值）指数年初为116.69，在5月降至112.81后略有回升，随后震荡回落收于111.20，较年初下跌4.7%。上海清算所银行间信用债综合指数（总收益）年初109.63，年内一路震荡上行，除4月末5月初和11月经历短时间小幅回落外，整体一直保持上升趋势，年末上升至113.03。

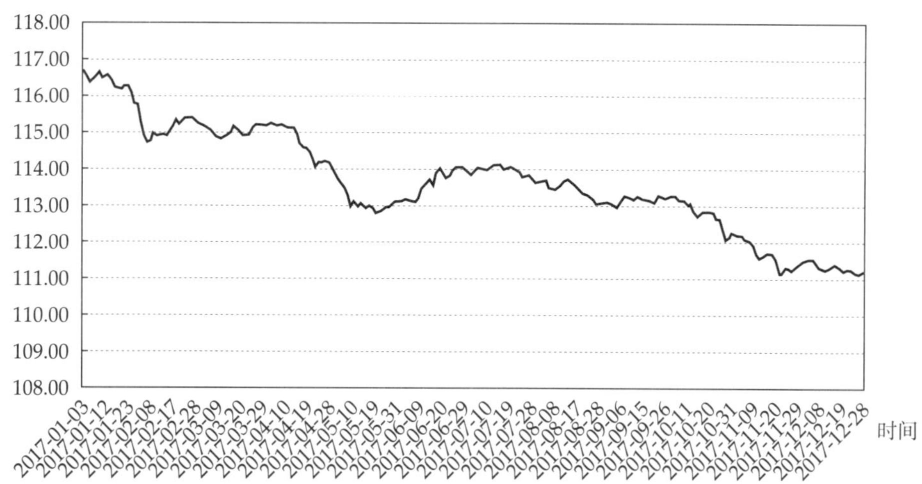

数据来源：中央国债登记结算有限责任公司。

图3-4 2017年中债总净价（总值）指数

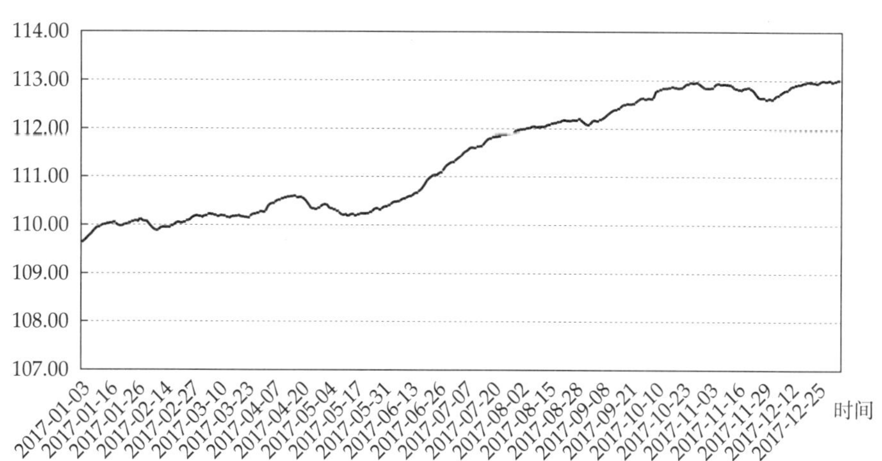

数据来源：上海清算所。

图3-5 2017年上海清算所银行间信用债综合指数

① 此处平均指简单算术平均。

3. 债券市场投资者持有结构小幅调整

2017年，银行间债券市场投资者持有结构小幅调整。截至年末，存款类金融机构持债规模为38.01万亿元，占市场托管总量的58.1%，占比较上年下降2.3个百分点。在存款类金融机构中，国有控股商业银行和股份制商业银行的持债占比分别比上年下降0.8个百分点和1.1个百分点；城市商业银行、农村商业银行和农村合作银行持债占比上升2.1个百分点。非法人机构投资者持债总规模为18.54万亿元，占市场托管总量的比重为28.3%，比上年上升了2.6个百分点。其中，银行理财产品和保险产品持债占比分别比上年上升了6.1个百分点和5.8个百分点，证券公司资产管理计划比上年下降了4.3个百分点。

二、债券市场运行的主要特点

（一）不同券种发行量呈现分化

2017年，债券市场发行总规模保持增长，但不同券种发行呈现分化。其中，二级资本工具、资产支持证券、记账式国债等增长较快，同比增幅分别为87.4%、78.1%和33.7%；公司债券、企业债券、地方政府债券发行量降幅较大，同比降幅分别为55.5%、37.0%和27.9%。

（二）发行期限更趋短期化

2017年，债券市场新发债券期限延续短期化趋势。0~3年期债券品种发行量占比达到74.0%，较上年上升8.4个百分点；3~10年期债券品种发行量占比为23.7%，较上年下降7.9个百分点；10年期以上债券品种发行量占比为2.3%，较上年下降0.5个百分点。

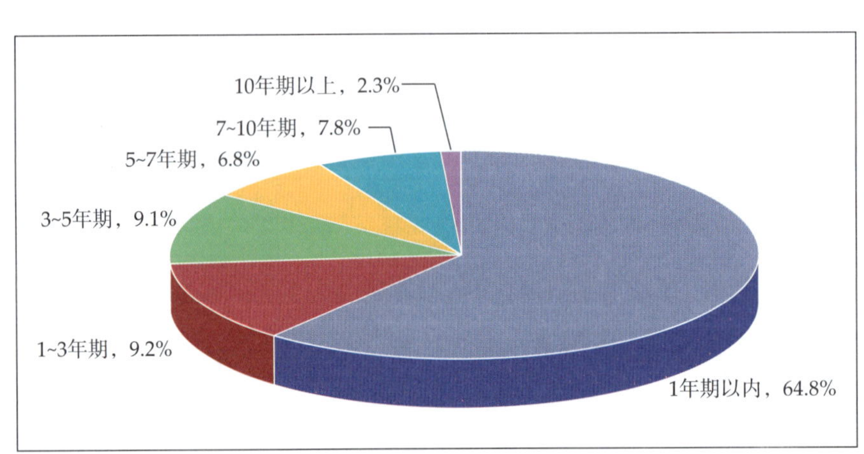

注：期限含上限不含下限。

数据来源：中央国债登记结算有限公司、上海清算所。

图3-6 2017年银行间债券市场发行期限结构

（三）债券市场年末波动加剧，收益率显著上升

2017年，债券市场年末波动剧烈，国债收益率曲线大幅上移。1~9月，债券市场收益率整体稳步上升，10月初，债券市场收益率出现较大波动，收益率大幅上行。1年期、3

年期和10年期国债收益率在第二季度达到高点后有所下降，随后第四季度一路上行并在年末达到峰值。30年期国债收益率全年除在4月中旬出现明显回调外，整体保持上升趋势。截至2017年末，1年期、3年期、10年期和30年期国债收益率分别较年初上行118个、110个、83个和80个基点。

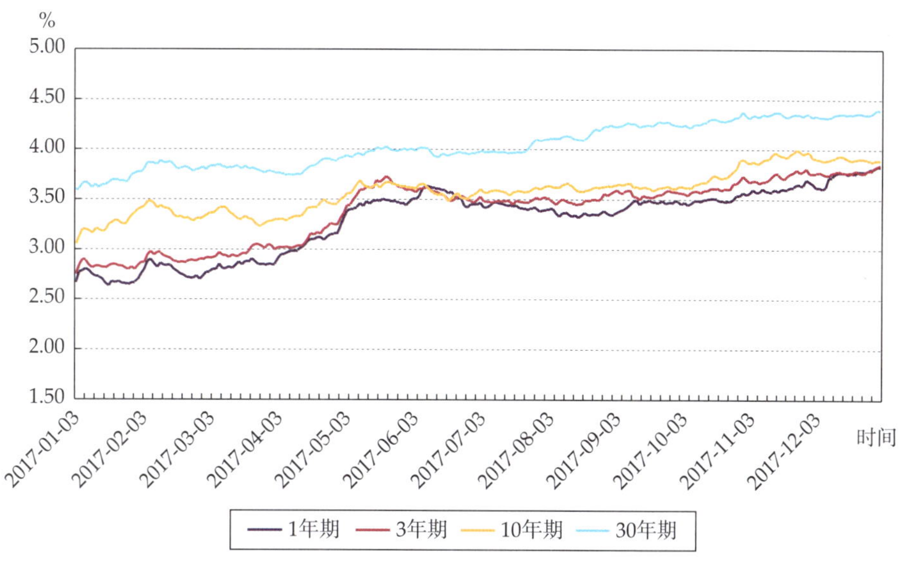

数据来源：中国外汇交易中心。

图3-7　2017年银行间债券市场国债收益率走势

（四）交易活跃度降低，短期债券换手率降幅较大

2017年，银行间债券市场的现券累计换手率为156.3%，同比下降63个百分点，除同业存单外，其余各主要券种的流动性均出现不同程度的下降。其中，政策性银行债和记账式国债年度换手率分别为249.0%和107.2%，同比分别下降190个和7个百分点；短期融资券与超短期融资券流动性较高，但同比降幅较大，年度换手率分别为370.9%和440.3%，同比分别下降317个和212个百分点。

表3-2　银行间债券市场主要券种2017年和2016年换手率比较

券种	2017年（%）	2016年（%）	与上年相比换手率增加（个百分点）
记账式国债	107.2	114.5	-7.29
地方政府债券	5.7	18.5	-12.72
政策性银行债	249.0	439.4	-190.38
政府支持机构债券	19.4	34.4	-15.01

（续）

券种	2017年（%）	2016年（%）	与上年相比换手率增加（个百分点）
商业银行债券	23.5	43.3	-19.88
资本工具	22.0	25.9	-3.94
非银行金融机构债券	35.9	86.9	-51.02
企业债券	81.2	201.8	-120.63
短期融资券	370.9	688.1	-317.22
超短期融资券	440.3	653.1	-212.78
资产支持证券	16.0	24.9	-8.98
中期票据	130.8	247.6	-116.83
外国债券	31.5	146.3	-114.75
同业存单	447.6	312.9	134.64

注：换手率为现券交易量/托管量×100。

数据来源：中央国债登记结算有限责任公司、上海清算所。

（五）投资者进一步丰富，柜台市场投资者数量增长

2017年，银行间债券市场投资者数量继续增加，类型更加丰富。截至2017年末，银行间债券市场各类参与主体共计18 989家，较上年末增加4 862家。其中，境内法人机构2 665家，较上年末增加336家，增幅为14.4%；非法人类产品15 458家，较上年增加4 067家，增幅为35.7%；境外参与机构共计866家，较上年末增加459家，增幅为112.8%。

2017年，银行间柜台市场投资者数量稳步增长，共计2 124.49万家。其中，个人投资者共计2 123.74万名，同比增长5.2%；机构投资者共计7 487家，同比增长79.63%。

（六）债券市场违约事件减少

2017年，债券市场信用债违约事件逐渐减少，信用风险整体处于可控水平。全年债市违约事件共涉及19家发行企业的40只债券，违约规模为312.72亿元。其中，非金融企业债务融资工具9家，涉及金额245.62亿元；公司债券发行人6家，涉及金额38.70亿元；企业债券发行人4家，涉及金额28.40亿元。从发行人所属行业来看，主要是建筑与工程、工业机械、煤炭与消费用燃料、钢铁等行业。违约发行人的公司属性主要为民营企业。从评级看，违约债券发行时评级均集中于AA级及AA+。

三、债券市场产品创新

2017年，我国债券市场产品创新不断推进，在资产证券化、债转股专项债券、信用衍生产品，以及债券市场支持科创、扶贫及

环保等创新债务工具方面进行了持续积极的探索。

（一）资产证券化产品创新力度加大

2017年，资产证券化产品创新力度加大，发展迅速。一是不良资产证券化试点有序推进。截至2017年末，累计发行33单不良资产证券化产品，发行规模286亿元，处置不良资产870亿元。二是PPP资产证券化项目正式落地。全年共计2单PPP资产支持票据完成注册，其中1单共2亿元完成发行，对于规范盘活PPP项目存量资产、提高资产流动性具有积极意义。三是绿色资产支持票据、扶贫资产支持票据、供应链资产支持票据等相继推出，落实绿色发展、精准扶贫、普惠金融等发展理念，服务重点领域融资。四是首单银行间房地产投资信托基金（REITs）问世，为资产证券化市场提供了新的产品类型。

（二）首单债转股专项债券落地

2017年5月，首单债转股专项债券获国家发展改革委批准，于2017年9月正式发行。2017年全年发行的债转股专项债券共2只，发行总额8亿元，均为非公开发行。债转股专项债券的成功发行是引入社会资本、实施市场化债转股的初步尝试，同时也通过企业债券创新体现了债券市场服务实体经济、降低企业杠杆率的重要作用。

（三）银行间市场创设首批信用联结票据产品

根据《银行间市场信用风险缓释工具试点业务规则》（中国银行间市场交易商协会公告〔2016〕25号），2017年5月，首批共2笔信用联结票据（CLN）产品成功创设，采用定向销售方式，名义本金总计5 000万元，参考实体涉及能源和城建行业，期限均不超过1年。CLN产品的创设丰富了投资者的信用风险管理手段，有利于完善债券市场信用风险分散、分担机制。

（四）推出双创债券

为落实创新驱动发展战略，银行间债券市场和交易所债券市场分别推出支持双创的创新产品。支持金融机构发行双创金融债券，为符合条件的高新技术企业、科技型中小企业、科技企业孵化器经营管理企业、众创空间运营机构、国家及省级高新技术产业开发区园区经营管理企业等创新创业主体的发展提供资金支持，扩宽创新创业企业融资渠道，助力创新驱动发展战略实施。2017年12月，齐鲁银行发行我国首单双创金融债券，规模共计5亿元，募集资金用于创新创业企业的信贷投放。双创专项债务融资工具产品在银行间债券市场推出，运作模式是以创新创业资源集聚区域内的园区经营企业为依托，募集资金通过投债联动的模式用于支持创新型企业发展。截至2017年末，上海、江苏等6省（市）创业创新资源集聚区内的园区经营企业注册双创专项债务融资工具170亿元，发行金额49.5亿元。

2017年7月，《中国证监会关于开展创新创业公司债券试点的指导意见》（中国证监会公告〔2017〕10号）发布，明确支持创新创业公司、创业投资公司以及专项创业投资基金在交易所市场发行双创债券融资。2017年，交易所共计发行创新创业公司债券23期，发行金额42.6亿元。

（五）开展扶贫产品创新

银行间市场推出扶贫票据和扶贫资产证券化产品，鼓励市场机构支持金融脱贫。截至2017年末，扶贫票据注册（备案）13单，金额375亿元，发行12期，金额130亿元，募集资金主要用于贫困地区高速公路、易地扶贫搬迁以及产业扶贫等精准扶贫项目领域。12月，国内首单扶贫资产支持票据项目完成注册，发挥了结构化融资产品对精准扶贫的支持作用。

交易所市场实现扶贫专项公司债券和租赁住房专项公司债券的品种突破，对接精准扶贫个性化需求。2017年，交易所发行9期扶贫专项公司债券和扶贫资产支持证券，募集资金40亿元。2017年10月，宜昌长乐投资集团有限公司在上交所非公开发行2017年社会责任公司债券，发行金额3亿元，募集资金用于当地精准扶贫项目，成为社会责任债券的范例；2017年11月，首单可持续发展资产支持证券“农银穗盈—光证资管—宁海棚改安居可持续发展资产支持证券”在上交所挂牌，发行规模12.5亿元，募集资金用于当地棚户区改造配套安置房及相关环境改造项目建设。

（六）绿色债券产品持续发展

绿色债券产品创新持续推进，银行间债券市场在前期推出绿色中期票据、绿色定向工具、绿色永续票据、绿色债贷基等品种的基础上，组织市场成员进一步推动绿色ABN、绿色熊猫债、绿色主权债等创新产品落地，交易所已发行绿色债券产品涵盖普通公司债券、可续期公司债券、熊猫公司债券及资产支持证券等产品，满足市场多元化的投融资需求。2017年9月，首次面向社会公众销售的绿色金融债券在商业银行柜台发行。2017年，共有16家企业注册绿色债务融资工具18单，注册金额361.51亿元，发行金额164.84亿元；共有24只绿色公司债券、8只绿色资产支持证券在交易所市场成功发行上市或挂牌，总募集金额约327亿元。发行主体包括大型央企、地方国企、民营企业、上市及非上市公司等各类机构，有效引导了社会资本投向国家政策支持的各绿色领域。

四、债券市场制度建设

（一）进一步规范债券市场发行管理

1. 完善国债承销发行制度建设

为规范国债承销团组建工作，保障国债顺利发行和国债市场稳定发展，财政部于2017年8月牵头发布《国债承销团组建工作管理办法》（财库〔2017〕145号），在总结2014年发布的《国债承销团组建工作管理暂行办法》（财库〔2014〕186号）相关经验的基础上，提前组团通知发布时间，延长了参团机构的准备时间；精简了文件正文对多项具体工作程序的描述，进一步优化和细化了《国债承销团第三方专家评审指标体系》。

2. 出台多项地方债发行管理制度

2017年，财政部发布一系列政策，进一步规范地方政府举债行为。一方面，发布《新增地方政府债务限额分配管理暂行办法》（财预〔2017〕35号）、《关于进一步规范地方政府举债融资行为的通知》（财预〔2017〕50号），明确了新增限额的分配方式，细化了对地方政府举债融资行为的管理，并要求限期改正不规范的举债融资行为；另一方面，发布《地方政府土地储备专项债券管理办法（试行）》（财预〔2017〕62号）等政策文件，从额度管理、预算编制、预算执行和决算、监督管理、职责分工等方面对专项债券作了规定，鼓励有条件的地方积极探索在有一定收益的公益事业领域分类发行专项债券。

3. 进一步规范非金融企业债务融资工具注册发行机制

2017年，交易商协会对非金融企业债务融资工具注册发行制度体系进行了补充、完善，包括发布新版《非金融企业债务融资工具定向发行注册工作规程》（中国银行间市场交易商协会公告〔2017〕24号），修订信息披露制度，组织市场成员研究推进标准分销协议文本的制定及线上化签署等，进一步优化了注册发行机制，提高了注册发行便利，增强了信息披露的充分性和针对性，并提升了发行分销效率。

4. 持续完善绿色债券发行配套制度

2017年，人民银行、证监会等相关监管部门制定并发布了《绿色债券评估认证行为指引（暂行）》（中国人民银行、中国证监会公告〔2017〕第20号）、《中国证监会关于支持绿色债券发展的指导意见》（中国证监会公告〔2017〕6号）、《非金融企业绿色债务融资工具业务指引》（中国银行间市场交易商协会公告〔2017〕10号）及配套信息披露表格，规范了绿色债券评估行为，明确界定了绿色公司债券、绿色产业及项目，也明确了绿色债务融资工具的核心机制。

5. 继续完善公司债券预发行机制

2017年，公司债券发行预审核机制进一步完善。一是公司债券预审核指南的修订工作系统开展，修订公司债券预审核指南；二是审核专家会议工作机制进一步完善；三是资产支持证券挂牌条件确认制度建设进一步完善，提高挂牌条件确认工作的质量及效率，提高信息披露的规范化、标准化程度。

（二）持续推动债券二级市场制度建设

1. 拓展并完善债券价格指数和收益率曲线

2017年，我国债券价格指数进一步扩展，新发布了中债国债及政策性银行债指数、中债公司债总指数、中债中国铁路总公司债券指数、中债商业银行投资指数以及一系列按代偿期分段的子指数，为债券市场提供多元化的定价基准和跟踪标的。其中，2017年12月，发布了上海关键收益率（SKY），提高国债收益率曲线的直观性和使用便利性，强化定价基准作用，服务上海国际金融中心建设战略。在收益率曲线方面，发布了中债美元浮动利率政策性金融债（LIBOR-USD-3M）点差曲线，满足市场对以Libor为基准的在岸浮动利率美元债券的估值需求。

在信用类债券方面，上海清算所推出上海高新技术企业债券指数，同业存单指数、短期融资券指数及中期票据指数系列，其中同业存单指数为国内首个反映商业银行同业存单价格走势的指数、收益率曲线和个券估值，提升债券市场估值的公允性和市场影响力。

2. 正式启动国债做市支持操作

为支持国债做市，提高国债二级市场流动性，健全反映市场供求关系的国债收益率曲线，在《财政部 中国人民银行关于印发〈国债做市支持操作规则〉的通知》（财库〔2016〕154号）的基础上，2017年财政部进一步印发了《关于开展国债做市支持操作有关事宜的通知》（财库〔2017〕106号），支持运用随买、随卖等工具开展国债做市。全年开展国债做市支持操作7次，其中随卖操作2次，操作量30.3亿元，随买操作5次，操作量35亿元。一方面，显著提高了操作券的交易活跃度，有效降低了机构做市风险，增强了国债做市报价的连续性；另一方面有效发挥了参与机构对国债一二级市场的影响力，加强了市场联动，对市场定价起到了积极引导作用。

3. 进一步规范债券交易业务

2017年12月，中国人民银行、中国银监会、中国证监会、中国保监会联合发布《关于规范债券市场参与者债券交易业务的通知》（银发〔2017〕302号），对债券市场参与者从事投资交易的行为进行进一步规范和明确。这是债券市场落实金融风险防控、守住不发生系统性金融风险底线的重要举措，旨在督促各类市场参与者加强内部控制与风险管理，健全债券交易相关的各项内控制度，规范债券交易行为，并将自身杠杆操作控制在合理水平，防范市场风险。

4. 完善投资者保护制度

2017年6月，沪深交易所修订并发布《债券市场投资者适当性管理办法（2017年修订）》（上证发〔2017〕36号、深证上〔2017〕404号），对合格投资者标准及个人投资者投资范围进行调整。合格投资者标准方面，加大了对非金融机构合格投资者的专业经历要求；资产性资质要求也根据证监会规定进行了调整。

2017年，交易商协会继续积极推动《投资人保护条款范例》在银行间市场的具体实践和应用，全年约有40%的公开发行债务融资工具添加了投保条款，为投资者提供债券违约前、中、后明确的法律救济依据，加大了投资人信用风险预警、防范、处置的保护力度。

（三）推进银行间债券市场信息披露和信用制度建设

一是完善信息披露制度。发布《关于规范债券市场参与者债券交易业务的通知》，对债券市场信息披露机制进行了更严格的规范，完善了统一的债券市场信息披露体系；修订《银行间债券市场非金融企业债务融资工具信息披露规则》，进一步强化信息披露自律要求，提高信息披露质量；进一步完善银行间债券市场信息披露基础设施，建立集中信息披露系统，提升市场信息披露效率。二是进一步规范信用评级机构业务。组织起草《非金融企业债务融资工具信用评级机构自律公约》和《非金融企业债务融资工具信用评级业务调查访谈工作规程》，有助于降低评级机构间存在的级别竞争等不良现象。三是交易商协会组织市场成员起草完成《信贷资产支持证券之主定义表（征求意见稿）》和《信贷资产支持证券特殊目的信托之信托合同（征求意见稿）》，修订了《个人消费类贷款资产支持证券信息披露指引》及配套表格体系等规范性文件，明确信息披露标准，推进市场约束机制形成。

五、债券市场对外开放

（一）启动“债券通”机制，丰富境外投资者参与中国债券市场的渠道和业务

1. 启动“债券通”机制

2017年5月，人民银行与香港金融管理局发布联合公告，推出香港与内地债券市场互联互通合作（“债券通”），6月，出台《内

地与香港债券市场互联互通合作管理暂行办法》（中国人民银行令〔2017〕第1号），及《“债券通”北向通境外投资者准入备案业务指引》（中国人民银行上海总部公告〔2017〕第1号）及入市、交易、结算等一系列配套规范性文件。7月3日，“债券通”北向通正式上线试运行，境外投资者积极参与，发行认购和交易运作活跃，参与度不断加强。我国债券市场投资者结构进一步丰富，市场活跃度进一步提高。

2. 拓宽境外投资者业务范围

《国家外汇管理局关于境外机构投资者投资银行间债券市场有关外汇管理问题的通知》（汇发〔2016〕12号）、《国家外汇管理局关于银行间债券市场境外机构投资者外汇风险管理有关问题的通知》（汇发〔2017〕5号）先后发布，明确未来将进一步开放银行间债券市场，允许银行间债券市场境外机构投资者在具备资格的境内金融机构办理人民币对外汇衍生品业务。

（二）发行市场双向开放取得显著进展，服务国家全面开放新格局

1. 熊猫债发行规模显著扩大

2017年，发行市场对外开放持续推进，境外发行主体数量扩大，规模增长。全年熊猫债共计发行34只，金额689亿元。其中，银行间市场共发行26只，金额603亿元，占比87.5%；交易所市场共发行8只，金额86亿元，占比12.5%。从发行主体类型来看，政府类机构共发行熊猫债2只，金额20亿元，占比2.9%；公司信用类债券共发行32只，金额为669亿元，占比97.1%。发行主体区域涵盖亚洲、欧洲、北美洲。

2. 财政部时隔13年重启美元国债发行

2017年10月，财政部在香港特别行政区发行了20亿美元主权债务，时隔13年重启美元国债发行。此次发行包括10亿美元5年期国债和10亿美元10年期国债，共获得约220亿美元认购，为计划发行规模的10倍。5年期的美元国债收益率为2.196%（票面利率2.125%），10年期的美元国债收益率为2.687%（票面利率2.625%）。募集的资金将用作一般政府性支出。此次债券发行未使用国际评级机构的评级。此次美元国债的发行有助于提高我国金融业对外开放水平，建立中国外币债券的定价基准，完善主权外币债券的收益率曲线，增强国际投资者参与中国经济发展的信心。

（三）评级行业对外开放迎来实质性进展

为配合银行间债券市场对外开放，促进信用评级行业健康发展，2017年7月，中国人民银行发布2017年第7号公告，明确了境内外评级机构进入银行间债券市场开展评级业务的有关事宜，允许外商独资机构及境外机构在满足相关条件的情况下开展银行间债券市场信用评级业务，并明确相关监管和自律要求。评级行业开放有利于促进债券市场的开放与发展，推动信用评级行业实现包容式快速稳健发展。

（四）壮大非金融企业债务融资工具外资承销队伍

在扩大对外开放战略方针指导下，交易商协会积极推动外资承销机构队伍建设。一是完善承销机构分类分层管理机制，打开外资银行进入主承销商队伍通道，着力推动熊

猫债市场发展。2017年，研究制定了主承销商资格专项市场评价机制并启动相关评价，新增1家外资银行为非金融企业债务融资工具B类主承销商。二是推动深化跨国金融合作，2017年新增3家外资银行为非金融企业债务融资工具承销商。截至2017年末，非金融企业债务融资工具承销机构队伍共有1家外资银行B类主承销商、4家外资银行承销商，较2016年大幅增长。债务融资工具承销机构队伍国际化水平的提高，是贯彻落实党的十九大关于推动形成全面开放新格局、扩大金融服务业对外开放指导精神的要求，有助于拓宽开放的范围，深化开放的层次；有助于引入境外发行人、投资人，推动市场创新和制度完善，提升人民币国际化水平；有助于以发展促改革，促进市场良性与充分竞争，提升债券市场服务实体经济的能力和水平。

（五）债券市场积极支持“一带一路”倡议

在“一带一路”倡议下，鼓励相关境内外主体在我国债券市场发债融资，支持“一带一路”建设。一方面，支持境内相关企业发行债务融资工具，为“一带一路”项目融资。截至2017年末，共支持福建、新疆、广西相关发行主体发行债务融资工具12 570.28亿元，助力推进“一带一路”核心区域、战略支点、开放门户建设。其中，重点支持新疆机场、厦门翔业等港口机场类企业发行债务融资工具4 425.70亿元，募集资金用于国际航空枢纽机场、国际物流中心等“一带一路”基础设施互联互通项目，为打造陆海空内外联通、东西双向开放的全面开放新格局夯实基础。另一方面，支持境外主体“一带一路”相关项目及合作的融资。2017年，匈牙利政府成功发行10亿元3年期熊猫债，募集资金用于中匈两国“一带一路”项目建设。波兰共和国完成首只外国政府机构绿色熊猫债备案，募集资金用于“一带一路”相关合作及符合绿色债券框架的用途。招商局港口控股有限公司发行中期票据，俄罗斯铝业联合公司在上交所发行5亿元公司债券，募集资金用于“一带一路”沿线建设。截至2017年末，“一带一路”沿线境外政府类机构发行人，以及有助于基础设施互联互通的境外非金融企业在银行间债券市场注册810亿元熊猫债，发行415亿元。

六、债券市场发展展望

根据党的十九大精神和全国金融工作会议部署，下一阶段，债券市场相关监管部门将紧紧围绕服务实体经济、防控金融风险和深化金融改革三项任务，防范风险，加强市场制度建设、产品创新，加大市场对外开放力度，更有效地发挥债券市场资源配置功能。

（一）债券市场发展建设将紧紧围绕服务实体经济持续推进

2018年，债券市场的建设将继续围绕实体经济需求，为推进供给侧结构性改革，以及降低实体经济融资成本提供支持。结合国家发展战略，做好京津冀、“一带一路”、西部大开发等国家重大项目金融服务，加大对创新创业、科技、文化、战略新兴产业等重要领域的支持力度，提升债券市场对小微企业和“三农”等薄弱环节的服务能力，继续积极支持各类型发行主体通过多层次债券市场融资，通过产品创新和机制创新加大对企业融资支持力度，相关债券品种有望继续扩容。继续推进资产证券化创新发展，进一步发挥资产证券化盘活存量的积极作用，推进经济提质增效和转型升级。

（二）制度建设持续完善，风险防范工作进一步夯实

2018年，去杠杆、防风险的相关工作将继续推进，债券市场法律制度建设、跨市场监管协作、金融风险防范工作将进一步加强。一是延续资管新规、流动性新规、债券交易新规等法规要求，市场的规范性将进一步加强，穿透式管理将进一步落实；二是随着债券市场信息披露和信用评级制度建设推进，市场化的约束机制将强化，透明度将得到提升；三是加强基础设施统筹管理，境内外投资者参与市场的交易、清算、结算相关安排将得到优化；四是通过加强中介机构监管，提升中介机构执业质量。在对证券公司分类评价基础上，建立证券公司债券承销业务分类管理制度，建立激励约束机制。此外，加强市场管理协调和跨市场监管协作，抑制风险传导、叠加和共振。在一系列的制度和监管强化下，债券市场的规范性将进一步提高，风险防控能力将进一步增强。

（三）债券市场深化改革和对外开放持续推进

2018年，债券市场将持续推进深化改革和对外开放，发挥市场服务功能和辐射功能，提升市场内生优势。进一步推进市场对外开放，在维护金融安全的前提下，放宽境外金融机构的市场准入限制，在立足国情的基础上促进我国金融市场规则与国际标准进一步接轨。进一步明确境外机构在我国发行债券的相关政策，扩大熊猫债发行规模，丰富境外主体类型；进一步优化境外投资者在我国二级市场备案、交易、结算等各环节的流程，提升便利度；适时丰富交易产品和工具，满足境外投资者合理需求。在相关政策作用下，境外投融资主体有望进一步丰富，发行和投资规模有望持续增长

专题一 "债券通"启航 境内外债市互联互通揭开新篇章

2017年6月21日，中国人民银行发布了《内地与香港债券市场互联互通合作管理暂行办法》（以下简称《暂行办法》），明确推出"债券通"。2017年7月2日，中国人民银行与香港金融管理局发布联合公告，批准香港与内地"债券通"北向通于7月3日正式上线。

一、"债券通"的意义

"债券通"即内地与香港债券市场互联互通合作，是指境内外投资者通过香港与内地债券市场基础设施机构连接，买卖香港与内地债券市场交易流通债券的机制安排，包括"北向通"及"南向通"。"北向通"是指我国香港地区及其他国家与地区的境外投资者经由香港与内地基础设施机构之间在交易、托管、结算等方面互联互通的机制安排，投资于内地银行间债券市场。

首先，"债券通"是中央政府支持香港发展、推动内地和香港合作的重要举措，有利于巩固和提升香港国际金融中心地位，有利于香港的长期繁荣稳定。

其次，"债券通"是继"沪港通"和"深港通"之后，内地与香港资本市场互联互通的又一桥梁，丰富了境外投资者参与我国债券市场投资的渠道，也为我国金融机构更深入地参与海外市场奠定了基础。

最后，"债券通"是我国推动债券市场对外开放的重要举措，有利于丰富债券市场投资者结构，提升市场国际化程度。"债券通"模式下，境外投资者可以通过其熟悉的境外交易平台和多级托管方式进入中国债券市场，入市相对便利，可以满足不同类型境外投资者的需求，促进我国债券市场投资者的多元化和国际化，提升金融市场国际影响力。

二、"债券通"境外投资者的运作模式

（一）"债券通"境外投资者的范围

符合中国人民银行要求的"债券通"境外投资者与现有允许直接入市开户的境外投资者范围一致，即符合《中国人民银行关于境外央行、国际金融组织、主权财富基金运用人民币投资银行间市场有关事宜的通知》（银发〔2015〕220号）及中国人民银行公告〔2016〕第3号（进一步做好境外机构投资者投资银行间债券市场有关事项的公告）等文件要求的境外投资者，目前包括：境外中央银行或货币当局、主权财富基金、国际金融组织；合格境外机构投资者（QFII）、人民币合格境外机构投资者（RQFII）；境外依法注册成立的商业银行、保险公司、证券公司、基金管理公司及其他资产管理机构等各类金融机构，上述金融机构依法合规面向客户发行的投资产品，以及养老基金、慈善基金、捐赠基金等人民银行认可的其他中长期机构投资者。

（二）准入方式

人民银行认可的电子交易平台和其他机构可代境外投资者向人民银行上海总部备案。目前人民银行认可的代理备案机构包括中国外汇交易中心、境内托管机构、银行间债券市场结算代理人。代理备案机

构可直接或委托境外合作机构接收备案材料。

（三）交易托管运作方式

一是在交易方面，境外投资者通过人民银行认可的境外电子交易平台发送交易指令，并在人民银行认可的境内电子交易平台与其他投资者达成交易。目前境外电子交易平台包括Tradeweb、Bloomberg（彭博）等其他交易平台在准备就绪后也可接入"北向通"；境内电子交易平台包括中国外汇交易中心。交易模式为境外机构与境内的交易商（包括做市商和尝试做市机构）进行交易。

二是在托管方面，采用国际通行的多级托管模式。境外托管机构在人民银行认可的境内托管机构开立名义持有人账户，记载名义持有人的全部债券余额。境内托管机构为境外托管机构办理债券登记托管，境外托管机构为在其开立名义持有人债券账户和自营债券账户的债券持有人办理债券登记托管。目前，境外托管机构包括香港金管局（指香港金管局债务工具中央结算系统，即CMU），境内托管机构包括中央国债登记结算有限责任公司和银行间市场清算所股份有限公司。

三、"债券通"运行情况

（一）投资者数量迅速增加，分布范围逐步扩大

截至2017年末，共计249家境外机构通过"债券通"渠道进入银行间债券市场，包括央行类机构2家，境外商业银行62家，非银行类金融机构36家，集合类投资者119家，其他类型机构投资者30家。"债券通"投资者分布范围扩大到18个国家或地区，遍布亚洲、欧洲、大洋洲和北美洲，其中亚洲最为集中，共有189家投资者，欧洲投资者共有55家，大洋洲和北美洲投资者各有3家和2家。

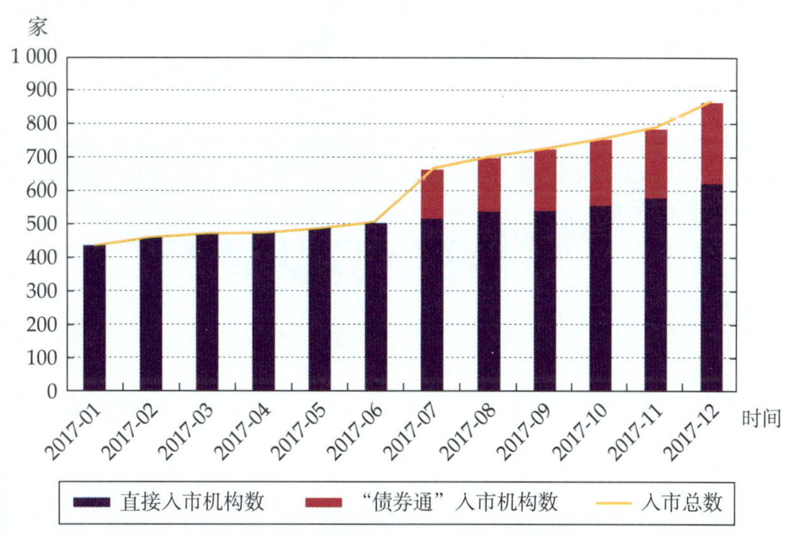

数据来源：中国外汇交易中心。

图3-8 2017年境外机构入市数变化情况

（二）交易逐步活跃

2017年，“债券通”境外投资者现券交易总量为2 759.85亿元。

从交易方向来看，以买入债券为主，2017年累计买入债券2 047.02亿元，卖出债券712.83亿元；从参与机构类型来看，交易主力为境外商业银行，交易量为2 345.22亿元，占比达到85.0%。

（三）托管量持续增长

截至2017年末，“债券通”投资者托管量为887.96亿元。从投资券种来看，以同业存单为主，托管量为548.28亿元，占比61.7%；政策性银行债为160.78亿元，占比18.1%；国债为96.21亿元，占比10.8%。从评级分布来看，以AAA级债券为主，托管量为626.49亿元，占比70.6%；主权类债券为257.64亿元，占比29.0%。从债券期限来看，1年期内券种最多，托管量为703.97亿元，占比79.3%；1~3年期券种为120.71亿元，占比13.6%；3~5年期券种为23.86亿元，占比2.7%。

表3-3 2017年末境外机构投资者通过“债券通”的托管情况

单位：亿元

机构类别	托管量
央行类机构	95.08
境外商业银行	777.77
非银行类金融机构	8.25
集合类投资者	6.82
其他类型机构投资者	0.04
合计	887.96

数据来源：中央国债登记结算有限责任公司、上海清算所。

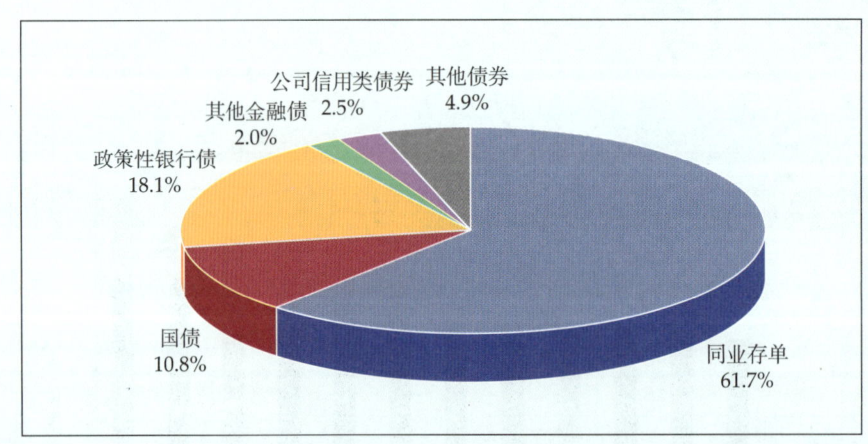

数据来源：中央国债登记结算有限责任公司、上海清算所。

图3-9 2017年末境外机构通过“债券通”投资银行间债券市场托管券种分布

专题二 创新债券市场产品 支持实体经济发展

党的十九大报告指出，要“增强金融服务实体经济能力”“提高直接融资比重”。2017年中央经济工作会议提出，要“打好决胜全面建成小康社会三大攻坚战”，明确深化供给侧结构性改革等八项重点工作。党的十八大以来，在党中央、国务院的正确领导下，债券市场始终坚持服务实体经济、防范系统性金融风险、实现我国经济高质量发展的理念，取得较快发展。

一、深化供给侧结构性改革，坚决落实金融去杠杆的政策要求

2017年，债券市场坚持科学、客观、市场化的发债标准，坚持服务实体经济真实的融资需求，更加注重转换市场增长动力、更加注重优化发行主体行业结构，服务实体经济能力进一步增强。

（一）从总量上看，债券发行规模符合实体经济真实融资需求变化

在经济增速放缓、产业结构调整的背景下，发债企业的投资增速下滑，融资需求下降。公司信用类债券发行量的变化，反映了实体经济真实的运行情况。以非金融企业债务融资工具为例，党的十八大召开后的五年来，债务融资工具（DCM）发行量增速与我国GDP增速走势总体趋同，且2015年后趋同走势更加明显。2017年，债务融资工具发行规模累计同比增速[①]与2017年以来月度“固定资产投资完成额累计同比增速”[②]走势趋同，与宏观经济“L形”走势下实体经济真实融资需求匹配。

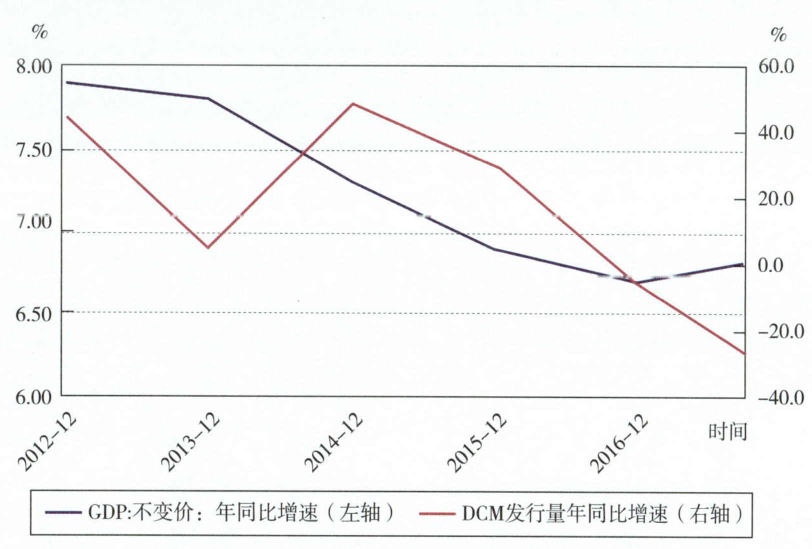

图3-10 GDP同比增速和DCM同比增速

① 债务融资工具累计发行规模较上月末累计发行规模同比增速，即（本月末累计发行规模-上月末累计发行规模）/上月末累计发行规模。

② 该指标由国家统计局每月对外公开发布。

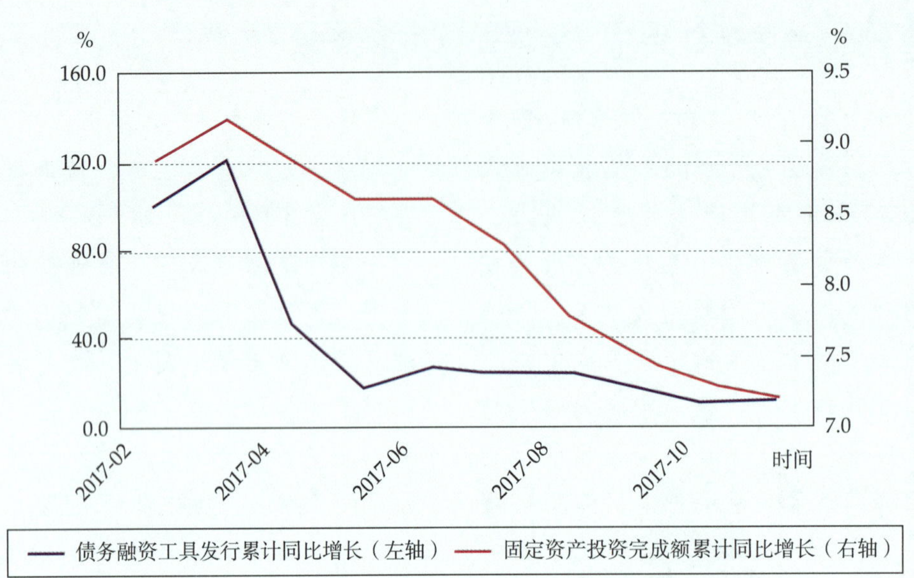

图3-11 DCM同比增速和固定资产投资完成额同比增速

（二）从结构上看，债券市场呈现新旧动能转换、行业结构优化的趋势

从行业分布看，公司信用类债券市场发行结构呈现显著变化。以债务融资工具市场为例，不符合国家政策导向行业的发债量"断崖式"下降、新兴产业发债量"爬坡式"上升，"快降"叠加"缓升"，客观上造成近两年发行量的下降和发行增速的放缓。

一是过剩产能行业发债占比快速回落。整体来看，传统资本密集型产业如制造、采矿、电水气及交通运输等行业发行债务融资工具占比[①]快速回落：2017年，制造业、采矿业、电水气、交通运输行业债务融资工具发债占比，分别较2013年占比下降4.3个、1.5个、9个和3.3个百分点。

二是创新产品支持战略新兴产业发债。双创专项债务融资工具落地，共支持上海、江苏、四川等6省（市）创业创新资源集聚区内的园区经营企业注册双创专项债务融资工具170亿元，募集资金主要用于孵化园项目建设；支持高端装备制造业、先进制造业等企业发行债务融资工具1万亿元；支持节能环保、新兴信息、生物、新能源、新材料等战略新兴产业发行债务融资工具8 586亿元，为推动传统产业改造升级、助力战略新兴产业发展作出积极贡献。

二、加快创新，配合打好决胜小康三大攻坚战

第一，防范化解重大风险攻坚战方面，通过制度创新和产品创新完善市场风险防控机制，维护市场健康运行。2017年，债务融资工具市场在注册端和处置

① 各行业债务融资工具发行规模占债务融资工具发行总量比重。

端，分别建立健全了分行业债务融资工具评议分析系统（IAAD）及以行业监测、信用策略和量化研究为主要内容的风险预警工作框架，使得各行业风险防范更加标准化和体系化，风险处置更加高效和妥善。同时，配合信用类债券的发展，持续推进信用风险缓释工具创新，完善信用风险市场化分担机制。2017年，信用风险缓释工具（CRM）市场共成交7.69亿元，品种包括信用违约互换（CDS）、信用联结票据（CLN）、信用风险缓释合约（CRMA）。

第二，精准扶贫攻坚战方面，扶贫相关债务工具不断创新，引导更多社会资金投向扶贫工作领域。在银行间市场，2017年扶贫票据注册（备案）13单，金额375亿元，募集资金主要用于贫困地区高速公路、城市基础设施、易地扶贫搬迁等项目领域，可带动65个县的扶贫工作，惠及491万贫困人口。首单社会效益债券推出，用于沂南县脱贫攻坚项目，首单扶贫资产支持票据项目完成注册。在交易所市场，首单可持续发展资产支持证券在上交所挂牌，募集资金用于当地棚户区改造配套安置房及相关环境改造项目建设，社会责任公司债券推出，募集资金用于当地精准扶贫项目。

第三，污染防治攻坚战方面，积极探索金融支持绿色经济发展的新机制，推进绿色债券市场建设。进一步明确制度，提高绿色债券质量，多项绿色债券发行运作配套细则出台，注册发行便利度进一步提高，信息披露进一步完善。

截至2017年末，共27家企业注册绿色债务融资工具近550亿元，发行金额246.84亿元，引导社会资金流向清洁能源、公共交通等绿色产业，提升金融服务绿色经济发展水平，支持社会生态文明建设。

三、多措并举，配合国家发展战略实施

一是主动服务雄安新区建设发展。雄安建设投资集团注册定向永续债务融资工具项目已落地。未来，债务融资工具市场将持续跟进支持雄安新区建设工作，进一步优化产品、创新制度，加大创新力度，更好地服务雄安新区建设。

二是继续大力支持京津冀协同发展。在人民银行当地分支机构、自律组织和地方政府的合作框架下，支持京津冀协同发展重点领域项目。截至2017年末，京津冀三地共277家企业（不含央企及其子公司）通过债务融资工具市场融资1.7万亿元，首单京津冀协同发展专项债务融资工具成功发行，募集资金专项用于疏解非首都功能、承接京津重大产业转移等。

三是重点支持“一带一路”核心区域互联互通。2017年，福建和新疆两个核心区域发行债务融资工具1 458.00亿元，有效支持了《愿景与行动》[①]中提及的基础设施互联互通重点领域。截至2017年末，“一带一路”沿线境外发行人及有助于基础设施

① 即国家发展改革委、外交部、商务部联合发布的《推动共建丝绸之路经济带和21世纪海上丝绸之路的愿景与行动》。

互联互通的境外企业在银行间债券市场注册熊猫债共计810亿元，发行415亿元。其中，匈牙利政府募集资金用于两国“一带一路”相关合作；波兰共和国募集资金用于“一带一路”相关合作及符合绿色债券框架的用途；招商局港口控股有限公司募集资金用于“一带一路”沿线建设。

第四章　股票市场

2017年，中国股票市场整体运行更趋平稳。IPO保持较快增长，融资结构不断优化；专业投资者比重增加，价值投资理念进一步增强；互联互通机制平稳运行，A股市场国际化步伐稳步推进；在服务"一带一路"建设、扩大对外开放、支持中小企业发展等方面不断创新实践的同时，持续强化市场监督和风险防范措施，实现全面从严监管。

一、股票市场的运行情况

（一）股票发行与融资

2017年，沪深两市全年共发生股票融资1 155家，同比增加90家，募集资金1.54万亿元，同比下降17.54%。从融资方式看，全年完成首次公开发行436家[①]，同比增加209家，合计募集资金2 301亿元，同比增长53.81%；全年完成再融资768家，同比减少71家，合计募集资金1.31万亿元，同比减少23.75%。

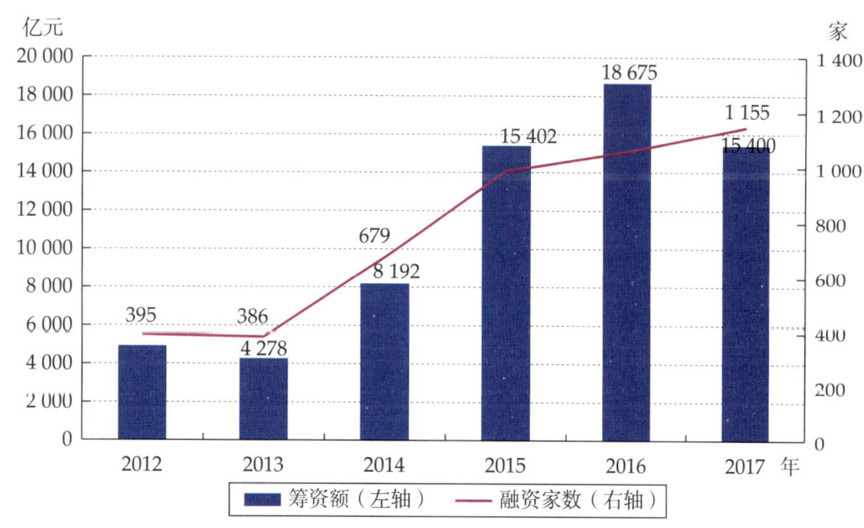

数据来源：上海证券交易所、深圳证券交易所。

图4–1　2012—2017年股票市场发行融资情况

① 首次公开发行家数与再融资家数存在重合，不能直接加总。

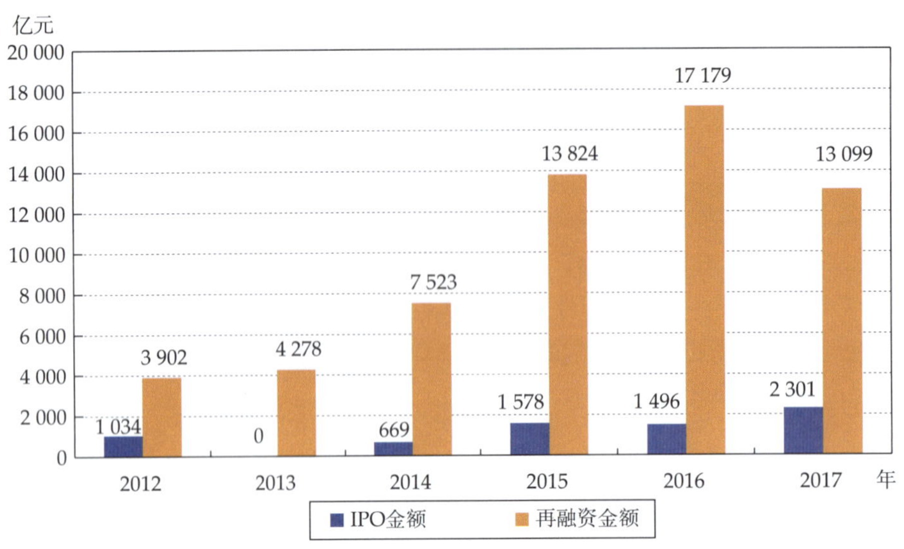

数据来源：上海证券交易所、深圳证券交易所。

图4-2 2012—2017年股票市场IPO和再融资情况

(二)股票指数与交易

截至2017年末，沪深两市共有上市公司3 485家，较上年末增加433家，上市股票3 567只，较上年末增加433只。股票总市值56.71万亿元，同比增加5.94万亿元，增幅为11.70%；股票流通市值44.93万亿元，同比增加5.59万亿元，增幅为14.21%。市场总股本5.37万亿股，同比增加4 996亿股，增幅为10.25%；流通股本4.50万亿股，同比增加3 909亿股，增幅为9.50%。

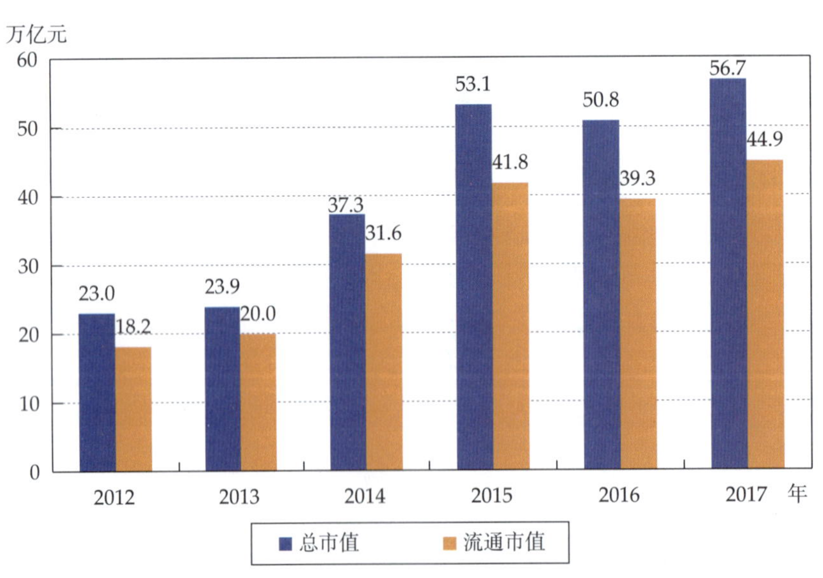

数据来源：上海证券交易所、深圳证券交易所。

图4-3 2012—2017年股票总市值和流通市值

2017年，上证综指前低后高，呈现震荡上行格局，最高3 450点，最大涨幅11.18%，年末收于3 307点，较上年末上涨6.56%，股指涨幅在全球市场处于中等偏上水平。上证50指数、上证100指数分别较上年末上涨25.08%和2.04%，上证150指数较上年末下跌20.96%。深圳成指、中小板分别较上年末上涨8.48%和16.73%，创业板较上年末下跌10.67%。

数据来源：上海证券交易所、深圳证券交易所。

图4-4　2017年上证综指、深证成指走势情况

2017年，沪深两市股票累计成交8.78万亿股，同比减少7.30%。其中，沪市股票累计成交4.38万亿股，同比减少2.42%。深市主板累计成交1.77万亿股，同比减少10.07%；中小板累计成交1.74万亿股，同比减少15.39%；创业板累计成交0.88万亿股，同比减少7.16%。沪深两市股票累计成交额112.46万亿元，同比减少11.71%。其中，沪市股票累计成交额50.78万亿元，同比增加1.99%。深市主板累计成交额19.13万亿元，同比减少11.03%；中小板累计成交额26.00万亿元，同比减少24.45%；创业板累计成交额16.55万亿元，同比减少23.66%。

二、股票市场运行的主要特点

（一）融资结构不断优化，中小企业成为IPO市场主体

2017年，沪深两市IPO家数达436家，创下历史最高水平，融资金额为2 301亿元，占全年股票融资总额的14.9%，较上年提高6.9个百分点；全年再融资家数总计768家，再融资金额1.31万亿元，是近三年的最低金额，再融资金额占融资总量的85.1%，处于近五年的最低水平。全年IPO平均筹资金额为5.28亿元，为2012年以来的最低水平，中小企业成为2017年IPO市场的主体。

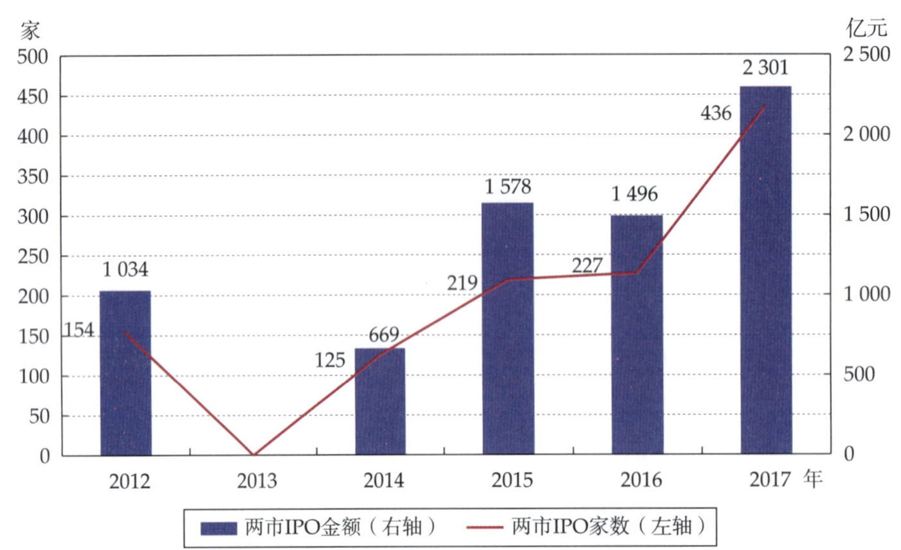

数据来源：上海证券交易所、深圳证券交易所。

图4-5 2012—2017年股票市场IPO家数和融资金额

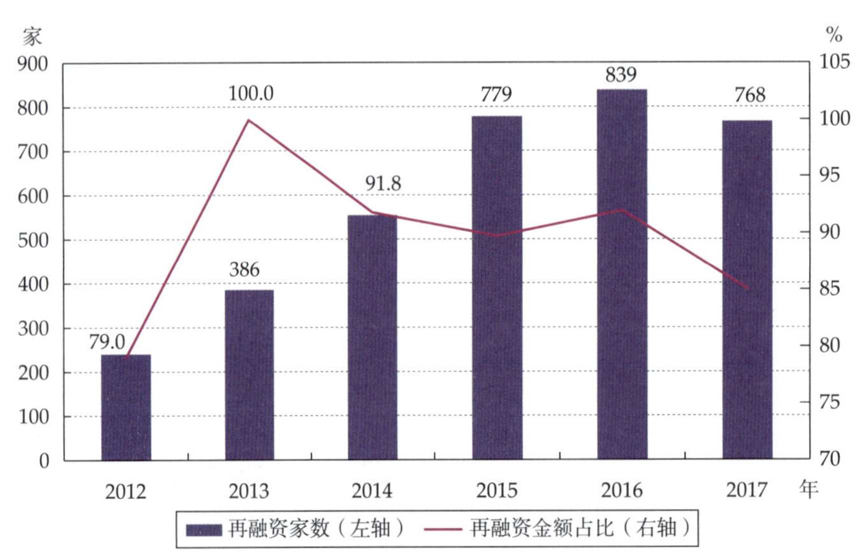

数据来源：上海证券交易所、深圳证券交易所。

图4-6 2012—2017年股票市场再融资家数和再融资金额占比

（二）市场波动有所减小，价值投资理念强化

2017年，股票市场整体波动性降低，市场指数整体呈现前低后高格局。市场波动水平较上年进一步下降，上证综指波动率（涨跌幅标准差）仅为0.55%，较上年下降0.9个百分点，涨跌幅超过1%的天数仅有12天，较上年大幅减少53天，均为股权分置改革以来的新低。业绩确定性强的大盘蓝筹股走势好于中小市值股，沪深300全年成交额占比为28.25%，较上年增加5.89个百分点，沪深300指数较上年末上涨21.78%。投资风格更趋理性，价值投资理念进一步强化。

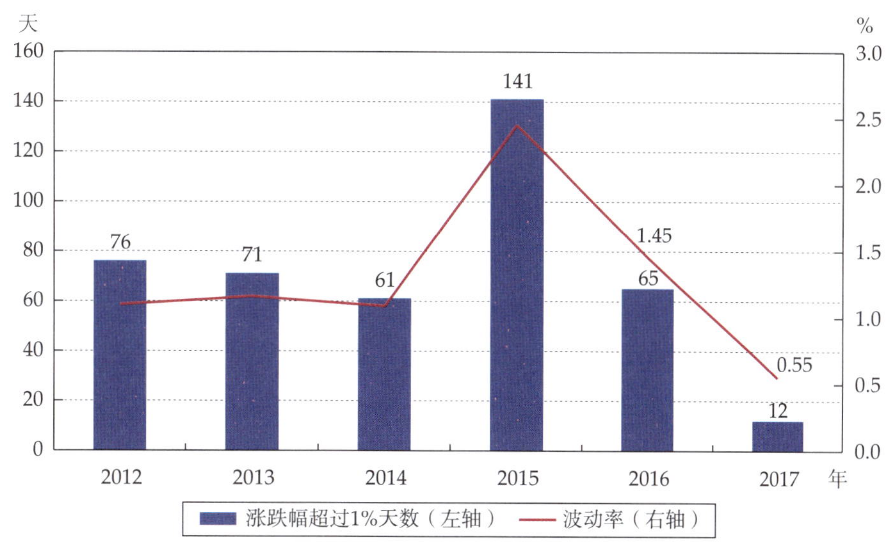

数据来源：上海证券交易所。

图4-7 2012—2017年上证综指波动情况

（三）专业机构投资者比重上升[①]，国际化步伐稳步推进

以上海市场为例，2017年专业机构投资者持有流通市值占比为16.13%，较上年末增加0.55个百分点，成交占比14.76%，较上年末增加2.55个百分点，专业机构投资者占比稳步上升。截至2017年12月31日，沪股通共有标的合计市值27.58万亿元，占上交所A股总市值的83.49%，深股通共有标的合计市值17.58万亿元，占深市A股总市值的78.84%。沪股通全年累计交易金额1.31万亿元，净流入上交所A股市场629.73亿元，沪港通下的港股通全年累计交易金额1.49万亿元，净流入香港主板市场1 968.06亿元。深股通全年累计交易金额9 768.96亿元，占深市A股交易金额的1.58%，深港通下的港股通全年累计交易金额4 675.81亿元，占香港主板市场交易金额的2.62%，深港通合计交易金额1.44万亿元，跨境资金整体净流入484.6亿元。互联互通机制运行平稳，A股国际化步伐稳步推进。

① 数据来源：上海证券交易所、Wind。

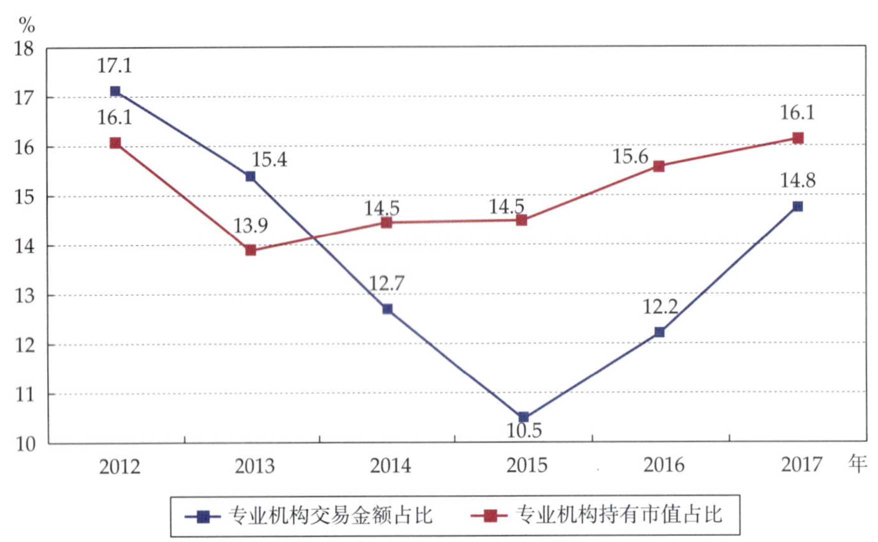

数据来源：上海证券交易所。

图4-8　2012-2017年上海市场专业机构交易金额和持有市值情况

三、股票市场产品创新与制度建设

（一）推出多项新型基金产品

一是南方、华夏、嘉实、建信、海富通旗下5只基金中基金（FOF）首批正式推出，进一步分散投资风险、优化资产配置，降低了多样化基金投资门槛。二是《养老目标证券投资基金指引（试行）》（征求意见稿）出台，养老目标公募基金产品推出步伐加快。三是第二只国企改革ETF——汇添富上海改革ETF顺利发行，进一步推动了国企与央企改革进程。四是以中国战略新兴产业成份指数和MSCI中国A股系列相关指数为标的的相关ETF产品已进入开发阶段。此外，投资于海外上市中国互联网企业的中概互联ETF、投资于美元债券市场与香港市场的一系列跨境LOF已正式上市。交易所基金基础资产类别已覆盖股票、债券、货币、黄金，包括港股、美股、欧股、原油期货与美元外汇等境外资产，成为投资者资产配置的重要工具。

（二）完善和强化指数体系建设

2017年，国内新发A股股票指数55条，绿色股票指数、绿色债券指数、扶贫发展主题指数、东北发展主题指数、战略新兴产业指数、中国新经济指数、粤港澳大湾区发展指数、新能源汽车产业指数、金融科技指数等主题指数和策略指数成为指数发展的重要方向，新发股票指数切实反映了经济发展新动向，引领市场对新兴产业领域的关注，助力国家重大发展战略，进一步完善了国内股票市场指数体系建设。2017年，境内新发行指数型产品86只，同比增加53.6%，发行规模累计达349.83亿元。其中，以新兴主题、Smart Beta、港股通等指数为跟踪标的的基金合计发行规模超126亿元人民币，以2017年新发指数为跟踪标的的产品共1只，规模约0.15亿元人民币。以沪深300、中证500、上证50、上证180、深成指、中小板指、创业板指等为代表的核心指数在境内和境外的认可度及影响力不断强化。截至2017年底，境内公募基金跟踪沪深300的产品数量为52只，同比增加8.3%，跟踪规模近1 300亿元人民币，同比增加18.2%；境外跟踪沪深300的产品数量和规模分别为30只和392亿元人民币，同比分别增加3.4%和25.6%。

（三）修改完善相关证券发行制度

一是证监会对《上市公司非公开发行股票实施细则》（证监会令第73号）部分条文进行了修订，并发布《发行监管问答——关于引导规范上市公司融资行为的监管要求》，进一步完善了上市公司非公开发行股票规则，突出了市场化定价机制的约束作用，对当前存在的上市公司脱实向虚、非公开发行定价机制选择因存在较大套利空间而不利于资源有效配置和长期资本的形成以及再融资品种结构失衡等问题提出了积极有效的解决方案。二是证监会对《证券发行与承销管理办法》（证监会令第98号）个别条款进行修订，对可转换公司债券等申购方式进行调整，明确网上投资者在申购可转换公司债券和可交换公司债券时无须缴付申购资金，有效解决了可转换债券和可交换债券发行过程中产生的较大规模资金冻结问题。

（四）强化市场监督管理制度

一是加强对市场主体及其市场行为的监督。发布经修改的《证券公司分类监管规定》（证监会公告〔2017〕11号），完善日常监管措施，引导公司依法合规、稳健经营；发布《证券公司和证券投资基金管理公司合规管理办法》（证监会令第133号），通过明晰董事会、监事会、高级管理人员、合规负责人等各方职责，提高合规履职保障，加大违法违规追责力度；发布《上市公司股东、董监高减持股份的若干规定》（证监会公告〔2017〕9号），扩大减持制度规制的适用对象，明确受减持限制的股份来源，增加对采取大宗交易方式减持的限制，严格规制变相减持和过桥减持行为，进一步规范了股东减持行为。二是规范并购重组行为。修订《公开发行证券的公司信息披露内容与格式准则第26号——上市公司重大资产重组》（证监会公告〔2014〕53号），在提高并购重组效率的同时，约束打击“忽悠式”“跟风式”重组，规范重组上市，增加交易的确定性和透明度。发布《关于强化财务顾问管理层对上市公司并购重组项目签字责任的问题与解答》，督促财务顾问勤勉尽责，保护投资者特别是中小投资者的合法权益。三是强化市场监管部门和机构的管理职责。发布《区域性股权市场监督管理试行办法》（证监会令第132号），明确界定了证券监管部门和地方金融监管部门的监管职责，完善了监管协同机制，有助于防止监管空白和监管套利，防范区域性股权市场风险，促进区域性股权市场健康发展。发布修订后的《证券交易所管理办法》（证监会令第136号），进一步发挥证券交易所一线监管功能，完善交易一线监管规则，持续推进交易一线监管保障体系建设，充分发挥自律管理作用等。

（五）优化市场风险防范机制

一是出台《关于避险策略基金的指导意见》（证监会公告〔2017〕3号），完善了对避险策略基金的风控要求，有利于引导相关基金产品回归公募基金行业资产管理的本质，进一步提升行业风险防控能力，防范基金投资运作风险。二是发布《公开募集开放式证券投资基金流动性风险管理规定》（证监会公告〔2017〕12号），全面梳理和修订了现有开放式基金的流动性风险管理要求，强化了流动性风险管控的底线要求和主体责任，有利于降低基金业务的结构脆弱性，促进我国公募基金行业的持续健康发展。三是《证券期货投资者适当性管理办法》（证监会令第130号）正式实施，针对适当性管理中的实际问题，规定了相应的制度安排，有助于我国中小投资者权益的切实保护，标志着我国资本市场投资者合法权益保护的基础制度建设又向前迈进了重要一步。

四、股票市场对外开放

（一）A股纳入MSCI新兴市场指数

2017年6月21日，MSCI宣布从2018年6月开始将中国A股纳入MSCI新兴市场指数和全球基准指数。222只A股纳入MSCI指数，占MSCI新兴市场指数的权重为0.73%。A股纳入MSCI指数是国际投资者对中国资本市场发展成就的积极认可，将吸引更多的境外资金以及机构投资者进入内地市场，有助于改善A股市场的投资者结构，增强资本市场服务实体经济的能力，提升A股市场的国际影响力，推动中国资本市场的国际化建设和长期健康发展。

（二）服务“一带一路”建设取得积极成效

加大对上市公司境内外融资的支持力度，启动熊猫公司债试点，共有包括“一带一路”国家在内的15家境外企业累计发行48单，融资总额达859亿元。支持沪深两大证券交易所以服务“一带一路”建设为主攻方向，深化资本市场双向开放合作，加快国际化发展步伐。采用参股国外证券交易所股权、签署战略合作协议、提供跨境资本服务机制等方式，先后为50家境外企业与中国创新资本对接提供标准化方案，与“一带一路”沿线国家的市场服务机构和企业开展积极的合作交流，促进跨境资本形成，为“一带一路”建设提供了有力的资本市场支持。

（三）国际交流合作高效务实

“沪伦通”相关操作性制度与安排的研究与准备工作取得积极进展，中英双方同意进一步深入研究两地符合条件的上市公司以存托凭证的方式到对方市场挂牌上市，适时审势启动“沪伦通”的时间安排；中国证监会与澳大利亚证券投资委员会签署《金融科技信息共享协议》，在金融科技领域的最新发展动态及相应的监管政策等方面实现信息共享；上海证券交易所理事长吴清当选世界交易所联合会董事会主席，我国相关人员首次在国际行业组织中担任主要领导职务，有利于增强中国资本市场在全球资本市场的话语权，推动国际交流合作和全球治理机制变革；沪深两大交易所陆续成为联合国可持续证券交易所倡议伙伴交易所，有助于借鉴国际成功经验，进一步推动市场可持续发展和绿色金融市场建设。

五、股票市场发展展望

2018年，《中华人民共和国证券法》的修订将迎来三审，资本市场法制化建设，优化健全多层次资本市场体系，改革和完善市场约束机制、内生发展机制和创新机制将成为我国资本市场发展的重点。股票市场将继续深化依法全面从严监管要求，推进多层次股权融资，强化资本市场服务实体经济功能，加快对外开放战略，主动服务“一带一路”建设，全面提升资本市场服务实体经济的能力和水平。

（一）全面从严监管将持续推进

一是将严防“病从口入”。严把IPO、再融资以及并购重组的质量关，加强发行人、保荐人的主体责任要求。二是将持续深化以充分信息披露为核心的上市公司监管。防范概念股炒作、杠杆收购等市场乱象和违法违规行为。三是将继续强化对上市公司财务信息监管。重点加强对定期报告中财务信息的披露管理，进一步改善市场生态，修复估值体系。四是将推进“以监管交易所会员为中心”的交易行为监管。加强制度供给，完善交易行为管理实施细则，落实会员管理客户的责任制度。五是将强化以异常交易行为监管为重点的市场监察。提升实时监控机制的专业化和精细化水平。细化对行业板块、概念热点以及个股风险的监控分析，重点提高实时全景穿透的监察能力，提升市场风险预警监测能力。

（二）多层次资本市场体系建设将进一步落实

一是将继续推动主板市场建设。加大服务新型经济发展力度，发展壮大新型蓝筹股市场，进一步提升市场活力。二是将深化创业板、新三板市场改革。提升对创新型、创业型、成长型中小微企业的支持作用，进一步完善资本市场服务创新创业企业的能力。三是将持续推动区域性股权市场规范发展。探索建立区域性股权市场与新三板市场合作机制，加快建设融资功能完备、服务方式灵活、运行安全规范的区域性股权市场。

（三）市场机制改革与完善将平稳推进

一是将不断健全新股发行常态化机制。在保持新股发行节奏合理稳健的同时，将不断加大发行质量审核力度，支持不同类型企业通过股票市场发展壮大，新受理企业将成为当年IPO的主体，打造支持实体经济发展的“源头活水”功能。二是将继续完善退市制度。继续研究拟订重大违法退市认定相关标准和程序，优化调整财务类强制退市指标等，推进市场优胜劣汰。三是将推进并购重组市场化改革。进一步简化上市公司并购重组行政许可，支持并购重组方式创新，推动消除跨行业、跨地区、跨所有制并购重组的障碍，完善相关配套制度，规范上市公司并购重组行为。

（四）股票市场对外开放将体现新的高度

2018年，支持“一带一路”建设仍将是股票市场对外开放的主攻方向，同时将在新的高度上加强与“一带一路”沿线资本市场合作，加快推进与“一带一路”沿线国家证券交易所在技术、产品、管理等方面的深度合作，筹备设立“一带一路”交易所联合会及交易所交流合作中心，构建“一带一路”资本市场的利益和命运共同体。同时，将继续深化交易所互联互通机制，持续优化沪港通、深港通运行机制，完善港股通标的选取，加快推进“沪伦通”，持续拓展国际化发展空间。此外，还将继续推进交易所自律监管和风险管理合作，继续推进交易所国际交易平台建设，支持中欧国际交易所探索推出D股交易。

专题三 全面加强股票市场监管制度建设

2017年，中国证监会、沪深交易所认真学习贯彻党的十九大、中央经济工作会议和全国金融工作会议精神，以《证券法》《公司法》《证券交易所管理办法》等为基础，严格落实依法全面从严监管要求，股票市场监管制度建设取得积极成效。资本市场基础性法律制度建设取得新进展，全年共出台证券监管行政规章13部，规范性文件23部；制定自律性规则100余件，其中上交所新制定业务规则11件，修改业务规则9件，现行有效业务规则246件，深交所制定并修订业务规则46件，现行有效业务规则共计171件。市场制度体系的规范健全，为股票市场行稳致远提供了有力保障。

一、"四梁八柱"基础制度不断夯实，市场长期健康发展基础不断强化

2017年，《证券法》《公司法》等资本市场基础性法律制度不断完善，"四梁八柱"制度建设取得积极进展。一是全国人大常委会于4月第二次审议《证券法（修订草案）》，重点解决好证券市场规范发展与监管执法亟须的制度供给问题。二是《公司法》司法解释四颁布实施，重点对决议效力、股东权利保护、公司利润分配、优先购买权、股东代表诉讼等作出规定；同时证监会、交易所积极推进《公司法》与《证券法》的联动修改，就上市公司监管实践中的法律问题提出修改建议。三是开展《刑法》修改研究，推动完善刑事司法解释，以打击资本市场违法犯罪行为，丰富证券期货犯罪种类，明确犯罪行为构成要件，提高刑罚特别是自由刑的幅度等。此外，我国证券期货市场首部投资者保护专项规章《证券期货投资者适当性管理办法》正式颁布，对我国资本市场健康发展和中小投资者权益保护将带来积极和深远的影响。

二、证券发行监管制度不断完善，发行审核效率和规范度切实提高

新修订颁布的《证券发行与承销管理办法》（证监会令第135号）优化了可转换债、可交换债的发行方式，将资金申购调整为信用申购，并建立了网上信用申购违约惩戒机制；修订后的《上市公司非公开发行股票实施细则》（证监会公告〔2017〕5号）取消了董事会决议公告日、股东大会决议公告日作为上市公司非公开发行股票定价基准日的规定，明确定价基准日只能为本次非公开发行股票发行期首日；完善了中止发行的具体细则；另外，《中国证券监督管理委员会发行审核委员会办法》（证监会令第134号）、《关于加强发行审核工作人员履职回避管理的规定》《关于加强发审委委员履职回避管理的规定》（证监会公告〔2017〕1号）、《中国证监会发行审核工作预约接待办法》（证监会公告〔2017〕2号）等发行审核规则修订并发布，加大严格审核信息披露质量力度，进一步规范审核权力运行机制和防范权力寻租，从体制机制和组织架构方面对审核委员会进行了规范和优化。同时，依法全面从严监管进一步落实，严厉打击欺诈发行，保证股票发行工作的公开、公平、公正，在提高股票发行审核工作效率的基础上，大大提升了股票发行工作质量和透明度。

三、上市公司监管制度不断健全，事中监管力度持续强化

一是发布减持新规，夯实股票交易基础性制度。《上市公司股东、董监高减持股份的若干规定》（证监会公告〔2017〕9号）、《上海证券交易所上市公司股东及董事、监事、高级管理人员减持股份实施细则》（上证发〔2017〕24号）以及相关公告格式指引正式发布，全面规范了大股东、特定股东、董监高三类主体以及集中竞价交易、大宗交易和协议转让三类交易方式，进一步夯实了股票交易的制度基础。相关规章制度的落实，有效遏制了大宗交易过桥减持、清仓式减持、低成本特定股份集中减持等市场乱象。二是积极完善信息披露监管规则，持续加大“刨根问底”式监管力度。《公开发行证券的公司信息披露内容与格式准则第26号——上市公司重大资产重组（2017年修订）》（证监会公告〔2017〕14号）、《公开发行证券的公司信息披露内容与格式准则第2号——年度报告的内容与格式（2017年修订）》（证监会公告〔2017〕17号）、《公开发行证券的公司信息披露内容与格式准则第3号——半年度报告的内容与格式（2017年修订）》（证监会公告〔2017〕18号）等修订并发布，包括高送转、权益变动、上市公司委托理财、业绩预告和业绩快报以及上市公司获得政府补助、从事特定业务等在内的重要信息披露规则起草修订，持续深化了“刨根问底”式事中监管，加强了对雄安新区、周期性涨价、次新股、高送转等市场热点概念炒作的有效监管，重点整治了高杠杆收购增持、“隐匿式”易主、“忽悠式”股权转让等市场乱象。

四、证券交易监管制度不断强化，交易秩序得以有效维护

2017年，沪深交易所以《证券法》第一百一十五条规定的实时监控职责为基础，以《证券法》规定的“限制账户交易”为主要手段，完善证券交易一线监管制度，突出和强化证券异常交易行为监管，切实维护正常的交易秩序。具体包括：研究起草了交易所股票异常交易自律管理有关规则，完善相关指标，构筑起交易所异常交易行为的监管制度基础；研究起草了针对市场全体会员“重点监控账户”制度，落实会员客户管理责任，明确相关针对性管理举措；修订完善了市场预警指标、线索分析及上报标准、工作流程等内部业务规程，切实提升了异常交易监管的规范化水平。以制度和规则为基础，沪深交易所全面强化证券异常交易行为监管：立足于实时全景式透视市场的优势，强化“实质性”事中监管，改善交易生态环境。针对涉嫌操纵的严重异常交易行为，提前采取警示、督促证券公司协查等监管干预措施，防止小案变大案。核查了一批疑难复杂的违法违规案件线索，有力支持了证监会专项稽查执法行动。

五、金融机构监管制度不断完善，“看门人”职能持续强化

2017年，证监会制定并发布了《证券公司分类监管规定》，上交所出台了《会

员交易行为管理现场检查内部工作规程（试行）》，沪深交易所修订完善了《会员管理规则》《会员客户证券交易行为管理实施细则》，各项规章制度的颁布实施进一步提高了对金融机构监管现场检查的制度化、规范化水平；强化了金融机构对客户交易行为管理的责任，引导机构将外部监管压力转化为内部规范动力。同时，证监会系统梳理并完善了风险控制、合规管理、基金公司子公司、资管产品等方面的规章细则，推动了金融行业主动完善自我约束机制，全行业依法合规、勤勉尽责的意识明显增强，行业发展更加稳健。

六、交易所管理办法修订，一线监管根基更趋牢固

《证券交易所管理办法》修订后发布实施，强化了新形势下交易所的一线监管职能，发挥了交易所对证券交易活动组织、监督、管理和服务的功能，完善了交易所内部管理结构，突出了交易所自律管理属性。沪深交易所相关业务规则“一揽子”修改积极推进，全面修订了证券上市协议，推进修改《业务规则制定与管理办法》等内部管理制度，开展业务规则专项评估优化等。

第五章 外汇市场

2017年，我国外汇市场交易量保持稳步增长，外币拆借业务增长较快。人民币对一篮子货币汇率保持基本稳定，对美元汇率有所升值。人民币兑美元汇率中间价形成机制中引入“逆周期因子”，汇率形成机制进一步完善，汇率弹性显著增强。外汇市场产品创新、制度建设和对外开放稳步推进，较好地支持了“一带一路”建设和服务实体经济发展。

一、外汇市场的运行情况

（一）人民币汇率走势总体平稳

2017年，人民币对一篮子货币汇率与上年末大体持平。2017年12月末，CFETS 人民币汇率指数、参考 BIS 货币篮子和 SDR 货币篮子的人民币汇率指数分别为94.85、95.93和95.99，分别较上年末升值0.02%、贬值0.32%、升值0.51%。

人民币对美元升值。2017年12月末，人民币兑美元汇率中间价为6.5342元/美元，较2017年初升值6.4%，银行间外汇市场（CNY）和境外市场（CNH）即期交易价累计升值均为6.8%。2005年人民币汇率形成机制改革以来，人民币兑美元汇率中间价累计升值26.7%。

人民币对其他主要货币有升有贬。2017年12月末，人民币兑欧元、日元、英镑、澳元、加元汇率中间价分别为7.8023元/欧元、5.7883元/100 日元、8.7792元/英镑、5.0928元/澳元、5.2009元/加元，分别较年初贬值6.7%、升值2.5%、贬值2.6%、贬值1.7%和贬值0.4%。

根据国际清算银行（BIS）的数据，截至11月，2017年人民币名义有效汇率贬值0.6%，扣除通货膨胀因素的实际有效汇率贬值1.2%，在 BIS 监测的61种货币中贬值幅度分居第21位和第18位。2005年人民币汇率形成机制改革以来，人民币名义和实际有效汇率累计分别升值33.7%和42.8%。

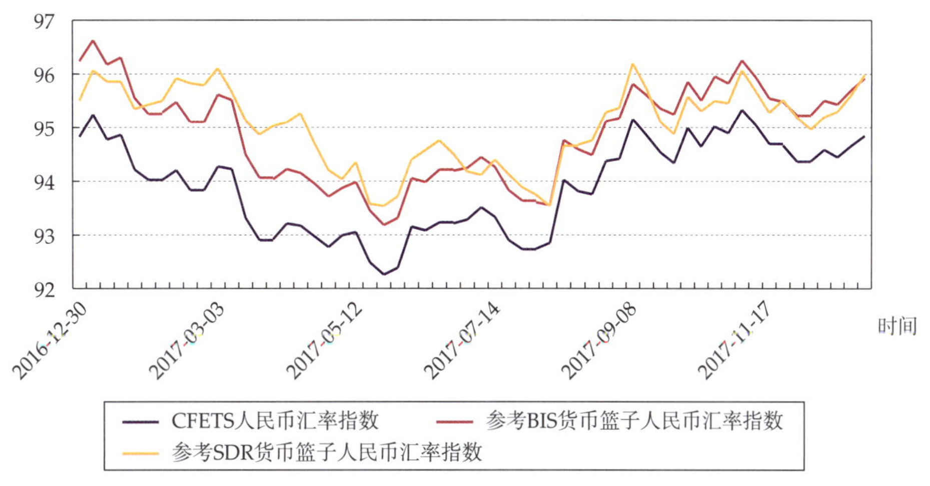

数据来源：中国外汇交易中心。

图5-1 2017年人民币汇率指数波动

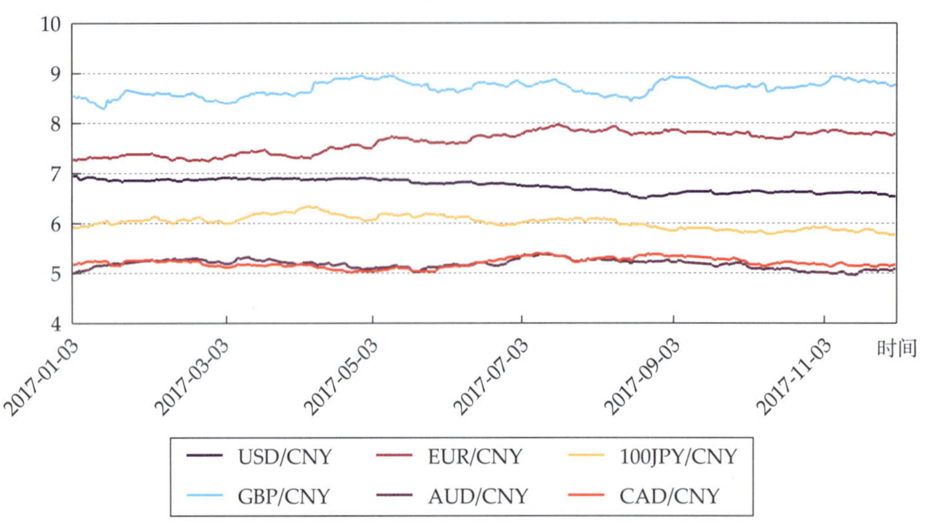

数据来源：中国外汇交易中心。

图5-2 2017年人民币兑主要货币汇率中间价波动

（二）外汇市场交易保持稳步增长

2017年，银行间外汇市场（不含衍生品）全年累计成交87.7万亿元人民币，同比增长71.7%。其中，人民币即期外汇市场成交折合人民币43.2万亿元，外币对即期市场成交折合人民币0.5万亿元，外币拆借市场成交折合人民币44万亿元。

随着银行间市场对外开放度日益提高，银行间外汇市场会员数量也持续增加。截至2017年末，人民币外汇市场会员645家（其中，境外央行类机构、境外清算行和境外参加行等境外会员机构为81家），外币对会员175家，外币拆借会员469家，较上年末分别增长8.0%、8.7%和13.6%。

二、外汇市场运行的主要特点

（一）人民币对美元汇率升值

2017年，我国跨境资金流动形势回稳向好，外汇市场供求趋向平衡，人民币汇率持续升值，年末中间价报6.5342，较上年末升值6.16%；交易汇率收于6.5120，较上年末升值6.72%。2017年影响人民币汇率走势的因素主要有以下方面：一是美联储加息节奏慢于预期，且特朗普新政实施艰难，而其他主要国家经济复苏势头良好，且欧洲大选平稳过渡，导致美元承压，全年贬值9.89%，人民币外部贬值压力缓解。二是在供给侧结构性改革、创新驱动战略等深化实施的带动下，我国经济结构加快调整，战略新兴产业发展新动能增强，经济稳健增长，起到增强市场信心、缓解资金外流作用，有力夯实了人民币汇率走强的基础。三是“一带一路”建设稳步推进，为人民币国际化营造了较好发展契机，加之“债券通”等互联互通项目落地，推动金融开放继续深化，有力提振了人民币汇率。

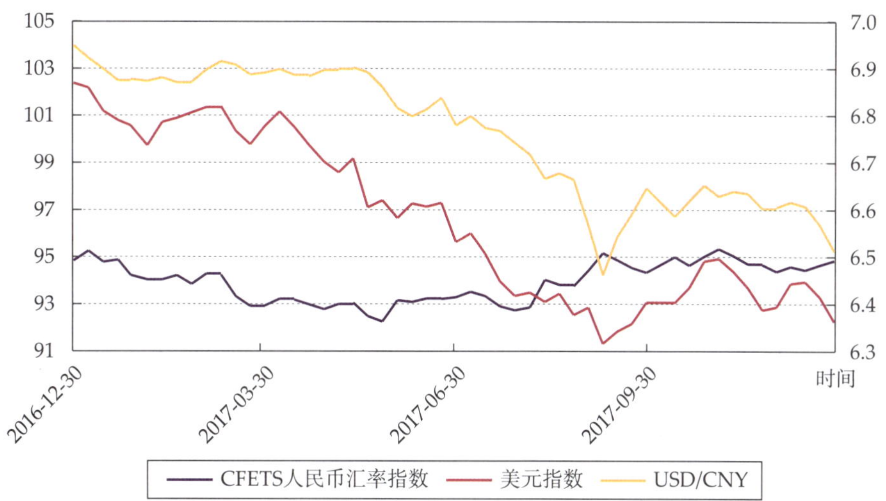

数据来源：中国外汇交易中心、Wind资讯。

图5-3 2017年人民币汇率指数、人民币兑美元汇率及美元指数走势

（二）人民币对一篮子货币保持平稳

2017年末，CFETS人民币汇率指数为94.85，与2016年末大体持平，略涨0.02%。总体看，2017年人民币对一篮子货币汇率保持了基本稳定。

虽然人民币对美元双边汇率有所升值，但国际贸易和投资是多边的，观察和分析汇率变动也应重点考量经贸易加权后的有效汇率，即人民币对一篮子货币的变化。2017年以来，CFETS人民币汇率指数篮子中比重较大的货币对美元都有不同程度升值，欧元、日元、英镑这三种SDR篮子货币对美元分别升值14.15%、3.79%和9.51%，韩元、澳大利亚元、新加坡元、加拿大元、俄罗斯卢布、马来西亚林吉特、泰铢对美元分别升值12.81%、8.34%、8.29%、6.92%、6.32%、10.87%和9.88%，比较而言人民币对美元升值幅度并不算大，由此人民币有效汇率保持了相对稳定。2017年以来，CFETS人民币汇率指数总体在92~95的区间内窄幅波动，体现出了较强的稳定性。

（三）中间价形成机制引入“逆周期因子”，运行效果显著

人民币汇率中间价形成机制不断完善，运行效果显著。2017 年 2月，中间价对一篮子货币参考时段由报价前 24 小时调整为前一日收盘后到报价前的 15 小时，避免美元汇率日间变化在次日中间价中重复反映。5 月26日，外汇市场自律机制汇率工作组决定在中间价中加入“逆周期因子”，将报价模型调整为“收盘价+一篮子货币汇率变化+逆周期因子”。

“逆周期因子”计算时，先从上一日收盘价较中间价的波幅中剔除篮子货币变动的影响，得到反映市场供求的汇率变化，然后通过逆周期系数调整得到，系数由各报价行依据基本面变化等因素自行设定。引入“逆周期因子”对人民币汇率市场化形成机制进一步优化和完善具有重要意义：一是有助于中间价更好地反映宏观经济基本面；二是有助于对冲外汇市场的顺周期波动，使中间价更充分地反映市场供求的合理变化；三是完

善后的中间价报价机制保持了较高的规则性和透明度。

从运行情况看，新机制有效抑制了外汇市场上的“羊群效应”，增强了宏观经济等基本面因素在人民币汇率形成中的作用。年初至新机制公布前，美元指数贬值5.06%，但人民币对美元仅升值1.19%。新机制公布后至年末，美元指数贬值5.08%，人民币对美元升值5.46%。

（四）人民币汇率弹性增强，境内外价差收窄

人民币兑美元汇率中间价形成机制更加市场化。人民币兑美元即期加权成交价与中间价不断收敛，2015年两者平均偏离幅度为0.93%，2016年收窄至0.07%，2017年进一步收窄至0.06%。

人民币汇率双向浮动弹性明显增强。人民币兑美元即期交易价日内波幅明显扩大，2015年日均波幅为91个基点，2016年扩大至131个基点，2017年进一步扩大至174个基点。2017年，人民币兑美元汇率中间价年化波动率也达到3.12%，高于CFETS人民币汇率指数2.61%的年化波动率。

随着中间价更市场化、交易价弹性增强，境内外人民币汇率价差也持续收窄，2015年两者价差平均为220个基点，2016年价差收窄至153个基点，2017年价差进一步收窄至138个基点。

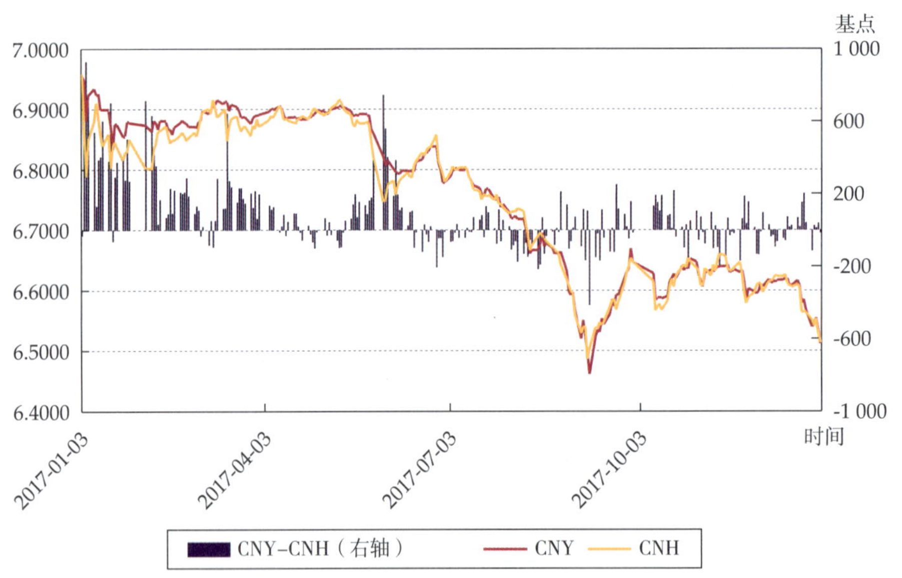

数据来源：中国外汇交易中心。

图5-4 2017年境内外人民币兑美元汇率走势及价差

（五）外币拆借业务受市场青睐

2015年4月，中国外汇交易中心（以下简称交易中心）外币拆借交易系统上线。2016年，随着《关于境外机构参与中国外汇交易中心外币拆借业务有关事项的公告》（中汇交公告〔2016〕53号）发布，外币拆借交易系统功能优化，机构积极申请入市，全年成交折合人民币11万亿元，而2015年仅成交0.6万亿元。2017年以来，伴随外币拆借交易系统功能再次优化，拆借品种进一步丰富，市

场单日交易量频创新高，全年成交折合人民币44万亿元，同比增长3倍。2017年末，外币拆借市场会员数469家，较上年末增加56家。

三、外汇市场制度建设

（一）对外开放水平持续提升

“债券通”香港结算行入市。2017年7月，为配合“债券通”上线，境外参加行入市范围进一步扩大。香港地区人民币购售业务境外参加行成为银行间外汇市场会员后，即可自动获得“债券通”中“北向通”业务香港结算行资格，为境外投资者办理“北向通”外汇资金兑换，由此产生的头寸可在境内银行间外汇市场平盘。截至年末，银行间外汇市场境外机构共81家，其中“债券通”香港结算行20家。

外汇市场支持“一带一路”建设。为提高金融服务“一带一路”建设能力，帮助市场主体规避汇率风险，促进人民币在双边贸易和投资中的使用，2017年8月和9月，交易中心先后推出人民币对蒙古图格里克和柬埔寨瑞尔的银行间外汇市场区域交易，区域交易货币对扩大至4个。此外，8月1日起，交易中心暂免人民币对新加坡元、俄罗斯卢布、马来西亚林吉特等十个直接交易货币对交易手续费，积极配合国家“一带一路”倡议，切实落实金融支持实体经济发展。

（二）交易平台不断优化

推出新一代外汇交易平台一期。为促进银行间外汇市场发展，保障市场安全稳定高效运行，2017年8月，交易中心推出新一代外汇交易平台（CFETS FX2017）一期。新平台一期在交易模式、交易效率和系统性能等方面较原有交易系统（CFETS FX2009）都有显著提升，进一步改善了会员单位的用户体验。新平台一期上线的业务品种包括外币拆借和外汇期权，其他品种和功能将在新平台二期上线运行。

推出互联网移动终端服务。2017年9月，交易中心正式推出互联网移动终端iTrader。目前，iTrader主要为交易员提供银行间外汇市场最及时、权威的行情和基准数据等服务，交易员可通过手机应用软件浏览查看。iTrader是交易中心顺应国际形势和交易员的使用习惯，在移动互联网领域为市场会员提供服务的新探索。

（三）交易机制和产品不断创新与完善

外币拆借交易功能优化。新平台CFETS FX2017一期上线的外币拆借品种，交易方式更加多元，交易币种进一步扩容，行情展示更加丰富。外币拆借交易系统能同时支持一对多询价交易和一对一协商交易方式，并且新增了英镑、加元拆借交易。交易系统每小时会更新展示O/N、1W、1M等美元活跃期限的加权平均价格。新平台还新增了成交行情走势图、本方机构成交散点图、拆借量汇总等信息。后台管理功能进一步完善，会员可以统一维护清算路径，为交易对手方定制清算账户，灵活管理清算关系。

外汇即期撮合交易机制推出。2017年12月，交易中心推出美元对人民币即期撮合交易。撮合交易是以双边授信为基础，按照“价格优先、时间优先”原则，以订单匹配或点击成交方式达成的交易，支持限价、市价、冰山等多种订单类型。撮合交易是银行间外汇市场交易模式的进一步丰富，外汇市场基础设施的进一步完善。撮合交易上线后，交易系统运行顺畅，报价交易顺利，交投活跃，价格走势平稳。

（四）交易后处理业务体系更加完备

交易确认业务体系更加完善。作为交易确认服务体系的重要组成部分，2017年8月，报文匹配服务在交易后处理平台正式上线。通过该服务，机构收发的银行间外汇市场SWIFT交易确认报文可自动转发至交易中心，交易中心通过交易后处理平台或接口向参与机构反馈匹配结果。目前，国家开发银行、中国进出口银行等已通过该服务有效规避了操作风险。

同步交收机制建立。2017年10月，银行间外汇市场建立人民币对卢布交易同步交收机制。在该机制下，外汇交易涉及的两种货币均于同一时间完成交割，有利于消除本金交割风险，防范不同交易时区交收时差风险，提高外汇市场运行效率，与国际外汇市场进一步接轨。目前，有十余家市场会员参与该业务。

（五）市场制度建设稳步推进

市场监测和规范发展不断推进。2017年，中国外汇市场指导委员会成立，积极参与了全球外汇委员会的成立筹备并作为创始成员加入该委员会。全国外汇市场自律机制配合外汇市场指导委员会，建立了与国际八大外汇市场委员会的沟通与交流机制，推动落实中国准则与全球准则。交易中心与自律机制建立了外汇市场监测联动和信息共享机制，加强外汇市场规范运作管理。自律机制制定发布了《中国外汇市场准则》（汇律发〔2018〕5号），组织制定了成员自律行为评估办法，评估结果将纳入宏观审慎评估（MPA）体系。

四、外汇市场发展展望

（一）提升市场对外开放和服务水平

一方面，积极扩大市场主体和机构范围，加强业务推介和同业交流，引入更多符合条件的境外机构参与银行间外汇市场；另一方面，继续建设全球服务网络，完善国际金融服务基础设施，提高服务全球金融机构的能力，便利境外机构参与交易。

（二）继续加强系统和基础设施建设

将推进新平台（CFETS FX2017）二期上线。二期将优化竞价和询价交易模式，支持更多订单类型和报价方式，使市场参与主体能建立更加灵活的交易策略。研究以外币拆借成交价与报价相结合的方式建立境内美元基准利率曲线，为市场参与者在定价、估值以及提升交易报价能力等方面提供便利。尽快推出外币拆借确认，扩展同步交收服务支持币种范围。继续推进与国际交易后基础设施提供商的合作，进一步提升服务质量，拓展业务范围。

（三）进一步完善市场监测和管理制度

将建设推出新一代外汇市场监测系统，进一步完善市场异常交易行为的监测流程。进一步强化监测与自律机制的联动配合以及信息共享，完善市场管理框架。自律机制将适时推出相应的自律规范，扩大自律机制覆盖面，倡导和构建有序竞争的市场道德规范。推进对外交流，扩大自律机制在国际外汇市场的参与度和影响力，提高我国在国际外汇市场标准和规则制定方面的话语权。

专题四 撮合交易顺利推出 价格发现机制日趋完善

2017年12月4日，我国银行间外汇市场推出美元对人民币即期撮合交易。撮合交易是指银行间外汇市场会员通过交易中心外汇交易系统，以双边授信为基础，按照“价格优先、时间优先”原则，以订单匹配或点击成交方式达成的交易。撮合交易支持限价订单、市价订单以及冰山订单等多种订单类型。其中，冰山订单是交易员在进行大额交易时只公开一部分交易量，保护发单者的交易意向。撮合交易同样需遵守即期价格不得超过当日中间价±2%的规定。上线后，交易系统运行顺畅，报价交易顺利，交投活跃，价格走势平稳。

此前，银行间外汇市场提供两种交易模式，分别是询价交易和竞价交易。2005年7月汇改前，银行间外汇市场一直采用竞价交易。汇改后，为适应外汇市场发展，2006年引入询价交易及配套的做市商制度，之后询价交易逐渐成为银行间外汇市场的主要交易模式。

近年来，随着外汇即期交易流动性不断提高，市场逐步发展成熟，参与机构对交易效率、信息透明度等方面有了更高的需求。前期，银行间外汇市场已在标准化掉期和远期产品上推出撮合交易模式，在提高交易效率和市场流动性方面取得了显著成效，获得市场认可。在此基础上，借鉴国际外汇市场经验并综合国内市场需求后，银行间外汇市场适时推出撮合交易模式。

与占据主导的询价交易相比，撮合交易有以下几点主要区别：（1）报价方式上，不同于询价交易报出意向价格，撮合交易采用带量报价模式，所见即所得，且报价行情更为丰富和全面，展示市场档位行情、可成交最优价等信息。（2）成交方式上，询价交易是报价驱动模式，需参与机构选择交易对手询价，双方协商确定价格，而撮合交易属于订单驱动模式，所有市场成员均可向市场提供流动性，发送带量买入或卖出订单，订单进入中央限价订单簿后，进行订单匹配，或者参与机构直接点击订单簿中存量订单。（3）交易主体上，撮合交易暂限即期做市商和尝试做市商。

竞价交易虽然也是撮合成交形成交易价格，但与撮合交易比，有本质区别：（1）报价方面，竞价交易流动性由做市商提供，且报价有流动性限额；撮合交易下所有市场成员均可带量报价。（2）授信方面，竞价交易下，交易中心对参与会员集中授信，承担市场交易者的信用风险；撮合成交基于双边授信，信用风险由参与会员自行承担。（3）交易身份方面，竞价交易匿名成交，交易确认单上不显示交易双方名称；撮合交易成交前匿名，成交后实名，更利于机构管理风险。（4）清算方面，竞价交易参与会员统一集中清算，撮合交易继续沿用询价交易下的清算模式。

表5-1 不同交易模式比较

	撮合交易	询价交易	竞价交易
推出时间	2017年12月	2006年1月	2001年9月
报价方式	参与机构带量报价	做市商意向性报价	做市商基于流动性限额报价
成交方式	系统按“价格优先、时间优先”原则撮合，订单匹配或点击成交	询价后双边协商成交	系统按“价格优先、时间优先”原则撮合，订单匹配或点击成交
授信方式	参与机构双边授信	参与机构双边授信	中国外汇交易中心对参与机构集中授信
清算方式	双边清算或集中清算	双边清算或集中清算	集中清算
交易主体	目前限于即期做市商及尝试做市商	外汇即期市场会员	外汇即期竞价会员
交易身份	交易前匿名、交易后实名，先提交订单为报价方，后提交订单为发起方	实名成交，做市商为报价方，交易对手为发起方	匿名成交

资料来源：中国外汇交易中心。

总的来说，撮合交易是银行间外汇市场交易模式的进一步丰富，是外汇市场基础设施的进一步完善。撮合交易模式可有效提升市场流动性，强化市场价格发现机制，提高境内外汇市场定价权，深化外汇市场对外开放。具体来讲：

一是有助于提高外汇交易效率和公平性。撮合交易方式更高效、更便捷，带量报价缩短了询价协商环节，显著提升了成交效率，同时有助于减少不规范交易行为，避免交易纠纷，有助于境内外汇市场健康有序发展。

二是有助于提升境内人民币汇率定价权。撮合交易方式便利银行客盘平盘和期权delta对冲等交易需求，有助于改善外汇市场流动性，进一步提升价格形成的市场化程度，完善境内外汇市场价格发现机制，提升境内人民币汇率定价权，也为中长期丰富外汇市场参与者和品种奠定了基础。

三是有利于深化外汇市场对外开放。国际外汇市场上，撮合交易是主流交易模式，在成交效率和价格透明度等方面具有明显优势，是即期等流动性好的产品的主要交易模式。BIS 2016年发布的外汇市场调查报告显示，即期市场上，EBS和路透的撮合交易模式占“多银行电子交易平台50%”以上份额。撮合交易更符合国际投资者的交易习惯，也适应银行间市场对外开放程度不断加大的趋势，有利于进一步促进境内市场的对外开放。

第六章　黄金市场

2017年，国际金价震荡上行，我国黄金市场增速放缓。上海黄金交易所各类黄金产品交易量和商业银行柜台黄金业务交易量增幅均有所放缓，上海期货交易所黄金期货交易量下降。我国黄金市场对外开放稳步推进，黄金市场的风险防范机制不断加强，市场服务功能逐步提升。

一、黄金市场的运行情况

（一）黄金现货市场

1. 现货金价小幅上涨，交易规模保持增长

2017年，国内现货黄金价格跟随国际金价震荡上行。年初，上海黄金交易所黄金主力合约Au99.99开盘价264.04元/克，年中最高价300元/克，最低价258元/克，年末收盘价273元/克，较上年末上涨3.45%。全年，上海黄金交易所累计成交黄金54 291.99吨，较上年增长11.54%，日均交易222.51吨。全年黄金交易金额达14.98万亿元，较上年增长14.98%，占上海黄金交易所各类产品交易总额的76.71%，较上年增加2个百分点。

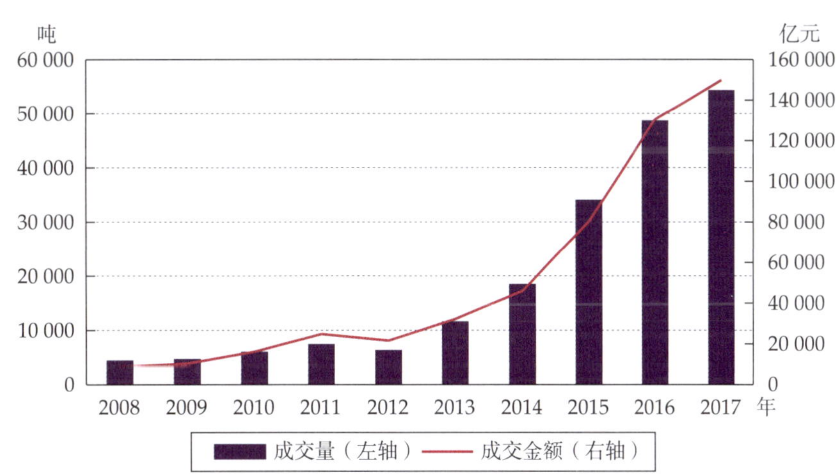

数据来源：上海黄金交易所。

图6-1　2008—2017年上海黄金交易所成交情况

2. 竞价市场运行稳定，询价市场快速发展

2017年，黄金竞价市场运行稳定，交易量略有下降。黄金竞价交易量30 157.29吨，较上年下降0.85%。其中，现货实盘交易6 649.02吨，较上年下降2.63%；延期交易23 508.28吨，较上年下降0.33%。

询价市场保持较快增长态势，交易活跃度稳步提升。2017年，黄金询价成交22 871.95吨，较上年增长29.28%，占上海黄金交易所黄金成交总规模的42.13%。黄金询价市场各期限品种中，即期、远期、掉期分别成交5 643.72吨、1 574.70吨和15 653.54吨，分别占询价市场成交量的24.68%、6.88%和68.44%。黄金远期、黄金掉期等品种的市场占比稳步提高，有利于推动人民币黄金中远期价格的形成。

2016年4月，上海黄金交易所推出了“上海金”人民币集中定价业务。目前，有18家参考价报价成员提供“上海金”初始报价。参与“上海金”业务的市场参与主体扩展到30家，包括商业银行、产用金企业、国际会员等多元化市场参与者。2017年“上海金”定价交易1 262.74吨，日均成交5.18吨，成交额3 475.53亿元，日均成交额14.24亿元。

表6-1　上海黄金交易所黄金产品交易情况

合约	2017年成交量（吨）	2016年成交量（吨）	同比增幅（%）	占比（%）
Au99.95	683.19	483.64	41.26	1.26
Au99.99	5 662.54	5 951.76	-4.86	10.43
Au100g	9.22	15.53	-40.67	0.02
Au995	1.95	—	—	0.00
iAu9999	292.12	377.87	-22.69	0.54
iAu100g	0.01	0.04	-84.00	0.00
现货实盘合计	6 649.02	6 828.84	-2.63	12.25
黄金延期	18 690.49	18 371.98	1.73	34.43
Mini黄金延期	1 768.52	1796.43	-1.55	3.26
黄金单月延期	1 628.49	1752.87	-7.10	3.00
黄金双月延期	1 420.77	1665.07	-14.67	2.62
延期合计	23 508.28	23 586.35	-0.33	43.30
询价Au9995	192.07	510.47	-62.37	0.35
询价Au9999	18 647.24	14 159.32	31.70	34.35
询价iAu9999	4 032.65	3 022.38	33.43	7.43
询价合计	22 871.95	17 692.17	29.28	42.13
上海金SHAU	1 262.74	569.19	121.85	2.33
总计	54 291.99	48 676.56	11.54	100.00

数据来源：上海黄金交易所。

3. 清算规模小幅增长，黄金实物出入库量总体平稳

2017年，上海黄金交易所资金清算总额为3.75万亿元，较上年增长6.96%。其中，会员自营清算额2.48万亿元，较上年增长4.84%；代理清算额1.27万亿元，较上年增长11.36%。

黄金实物出入库量总体保持平稳。主板

黄金出库量2 030.48吨，较上年增长3.05%；入库量1 947.70吨，较上年下降5.46%。国际板黄金出库量143.49吨，较上年增长415.22%；入库量110.09吨，较上年下降13.15%。

（二）黄金期货市场

1. 内外盘期金价格保持联动，国内期现价差扩大

国内黄金期货价格与美国COMEX黄金期货价格走势总体趋同。2017年，国内黄金期货主力合约开盘价269.7元/克，年内最高价290.05元/克、最低价266.65元/克，年末收盘价277.80元/克，较上年末上涨2.38%。从期现价差情况看，全年244个交易日中，有242个交易日上海期货交易所黄金期货收盘价高于现货Au9999收盘价。上海期货交易所黄金期货与上海黄金交易所Au（T+D）的平均价差由2016年的1.72元/克增至2.53元/克，增幅达47.09%。

2. 国内黄金期货交易量下降四成

按双边统计，2017年上海期货交易所黄金期货累计成交3 895.62万手（38 956.18吨），较上年下降43.96%，日均成交159.66吨；累计成交金额10.84万亿元，较上年下降41.99%，占上海期货交易所所有品种总成交金额的6.03%。

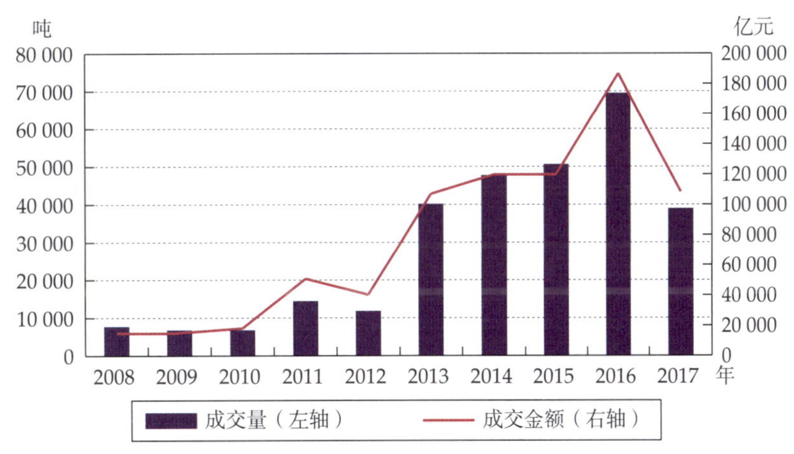

注：成交量单位为吨，双边计算；成交金额单位为亿元，双边计算。

数据来源：上海期货交易所。

图6-2　2008—2017年黄金期货成交情况

3. 黄金期货持仓量有所下降，交割量大幅增长

2017年，上海期货交易所黄金期货平均月末持仓量为31.33万手（313.27吨）[①]，较上年下降6.28%。全年，黄金期货实物交割6 615千克，较上年增长128.73%，月均交割551.25千克；交割金额17.82亿元，较上年增

① 按双边统计。

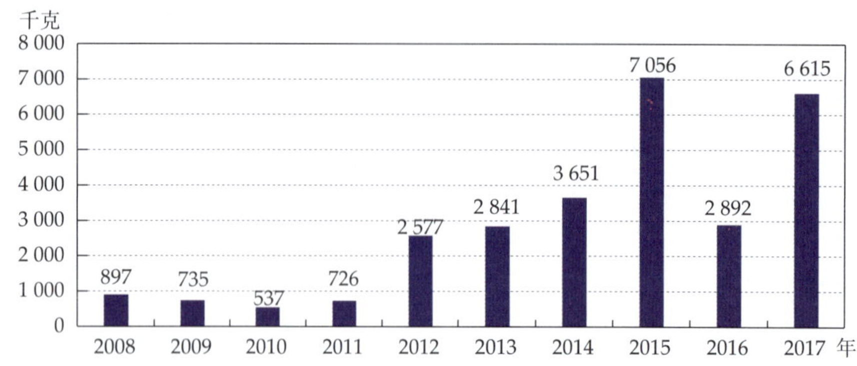

数据来源：上海期货交易所。

图6-3 2008—2017年黄金期货交割情况

长134.69%。

（三）商业银行黄金业务

1. 商业银行深度参与上海黄金交易所各项黄金业务

2017年，商业银行在上海黄金交易所的黄金交易总量达39 628.04吨[①]（含自营和代理），成交金额109 253.42亿元，分别较上年增长23.53%和27.45%。其中，交易量占比由2016年的65.90%上升至72.99%。从自营和代理交易结构看，商业银行在上海黄金交易所的交易以自营业务为主。2017年，自营交易黄金33 452.12吨，较上年增长28.83%；代理企业及个人交易黄金6 175.92吨，较上年增长1.02%。商业银行既是上海黄金交易所黄金竞价业务的主体，也是主要的黄金询价业务做市商，还是“上海金”定价业务的主要报价商。从交易方式看，2017年商业银行竞价交易黄金16 452.87吨，较上年增长12.79%；询价交易黄金22 005.85吨，较上年增长29.95%；定价交易黄金1 169.32吨，占全年定价交易总量的92.60%。

数据来源：中国黄金市场监测分析系统数据库。

图6-4 商业银行在上海黄金交易所的黄金交易总量和占比情况

① 统计口径较2016年有所调整。自2017年起，商业银行在上海黄金交易所的交易量只统计金融类银行会员的数据，其中不再包含深圳金融电子结算有限公司、广西金融电子结算有限公司等金融类非银行会员的数据。

2. 商业银行的黄金期货业务量保持平稳

2017年，有16家商业银行参与上海期货交易所黄金期货业务，累计开展黄金期货自营交易1 399.58吨，同比下降3.38%，占上海期货交易所黄金期货交易总量的3.59%；成交金额3 883.45亿元，与上年基本持平。

3. 商业银行的境内自有黄金业务量总体增长

2017年，商业银行在境内开展的各项场外黄金业务累计成交8 073.63吨[①]，较上年增长5.50%。其中，黄金理财、境内黄金衍生品业务增长较快，账户金业务稳中略增，实物金销售、黄金租借业务有所下降。

（1）实物黄金销售量有所下降。

2017年，商业银行累计销售实物黄金304.01吨，同比下降19.43%；销售金额889.80亿元，同比下降16.84%。其中，自营品牌金销售82.71吨，同比下降27.13%；代理品牌金销售19.45吨，同比下降15.84%；黄金积存（黄金定投）销售201.85吨，同比下降16.14%。2013—2015年，金价持续走低，实物黄金销售量保持增长。最近两年，随着金价回升，实物黄金销售量逐年下降。

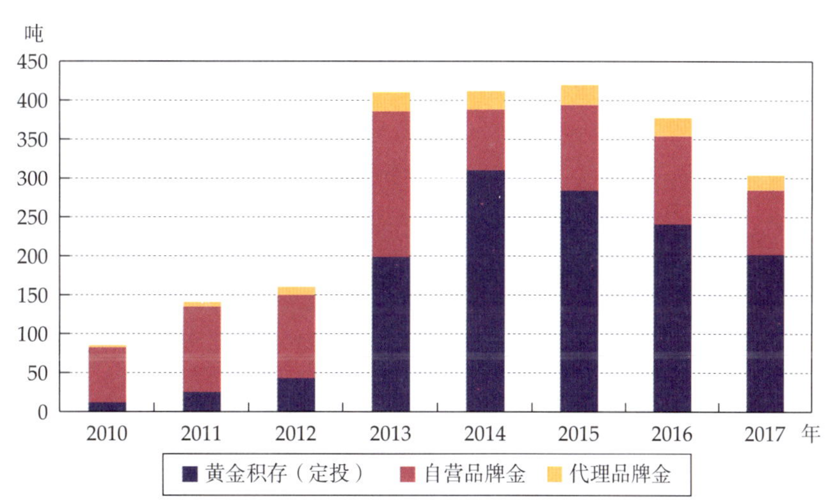

数据来源：中国黄金市场监测分析系统数据库。

图6-5 2010—2017年商业银行实物黄金销售量

（2）账户金交易量稳中略增。

2017年，全国有9家商业银行开展了账户金业务，累计成交2 130.81吨，交易金额5 835.10亿元，较上年分别增长1.34%和3.49%。其中，美元账户金成交179.62吨，较上年下降15.70%；人民币账户金成交1 951.19吨，较上年增长3.26%。截至年末，商业银行在上海黄金交易所的实物黄金备付达32吨，备付率22.57%。

① 账户金、实物黄金、在境内开展的各项黄金衍生品等业务交易量按双边计算，黄金质押业务按接收质押黄金的重量计算，黄金租借业务按租出或拆出量计算。

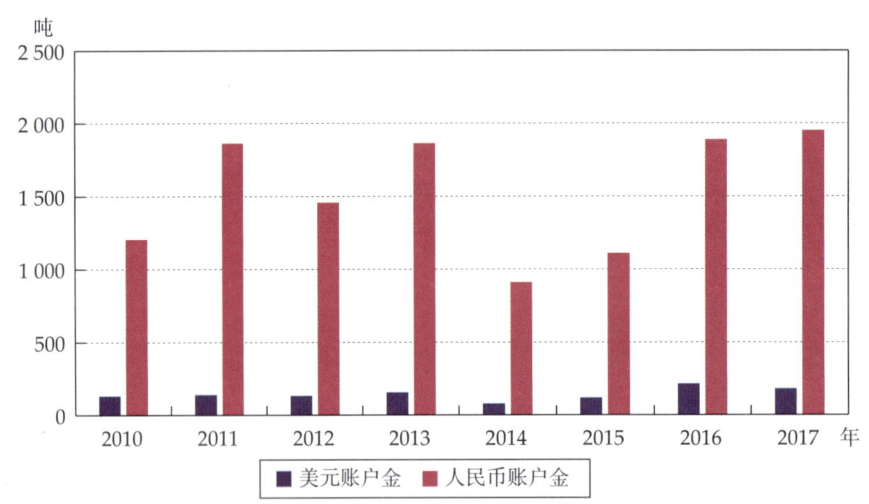

数据来源：中国黄金市场监测分析系统数据库。

图6-6 2010—2017年商业银行账户金成交量

（3）黄金租借业务量稳中略降。

黄金租借业务包括银行与金融机构之间的黄金拆借、银行对企业客户的黄金租赁两部分。2017年，商业银行累计租借黄金2 994.65吨，较上年下降2.47%；名义成交金额8 268.59亿元，较上年增长1.14%。其中，商业银行对客租赁黄金1 778.05吨，较上年下降2.72%；同业之间累计拆出黄金1 216.60吨，较2016年下降2.09%。截至年末，黄金租借业务余额为2 556.36吨，较上年增长20.03%。

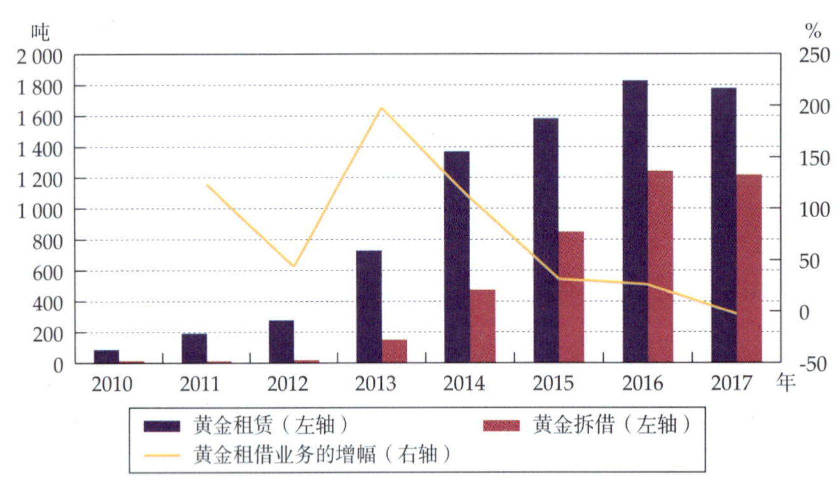

数据来源：中国黄金市场监测分析系统数据库。

图6-7 2010—2017年黄金租赁、黄金拆借业务情况

（4）黄金质押业务量大幅下降。

2017年，共有4家商业银行开办黄金质押业务，其中国有商业银行2家、农村金融机构2家。全年，累计接收质押黄金0.83吨，较上年下降75.64%。

（5）黄金理财业务量大幅增长。

2017年，商业银行销售各类挂钩黄金的理财产品12 485.72亿元，较上年增长

113.45%；到期理财产品赎回额10 654.82亿元，较上年增长107.43%。截至年末，未到期的黄金理财产品余额为3 349.85亿元，较上年增长114.52%。

（6）境内黄金衍生品业务量增长迅速。

2017年，商业银行在柜台开展的境内黄金衍生品业务累计交易2 437.71吨，较上年增长32.89%。其中，黄金远期1 294.27吨，较上年增长5.91%；黄金掉期1 119.30吨，较上年增长87.64%；黄金期权24.15吨，较上年增长52.92%。分币种情况看，2017年以人民币报价的黄金衍生品累计成交1 174.24吨，较上年增长41.25%；以美元报价的黄金衍生品累计成交1 263.47吨，较上年增长25.96%。

4. 商业银行境外黄金业务量有所下降

2017年，商业银行各类境外黄金业务累计成交12 639.23吨，成交金额5 114.70亿美元，分别较上年下降20.01%和19.32%。其中，境外黄金掉期7 645.01吨，较上年下降26.66%；境外黄金远期1 308.80吨，较上年下降16.31%；境外黄金期货77.95吨，较上年下降47.37%；境外黄金期权0.16吨，较上年下降92.17%；境外黄金即期3 447.80吨，较上年下降5.87%；境外黄金租借业务成交159.51吨。从交易结构看，黄金远期和黄金掉期分别占商业银行境外交易黄金衍生品的10.36%和60.49%，境外黄金即期的交易占比为27.28%，较上年增加4个百分点。

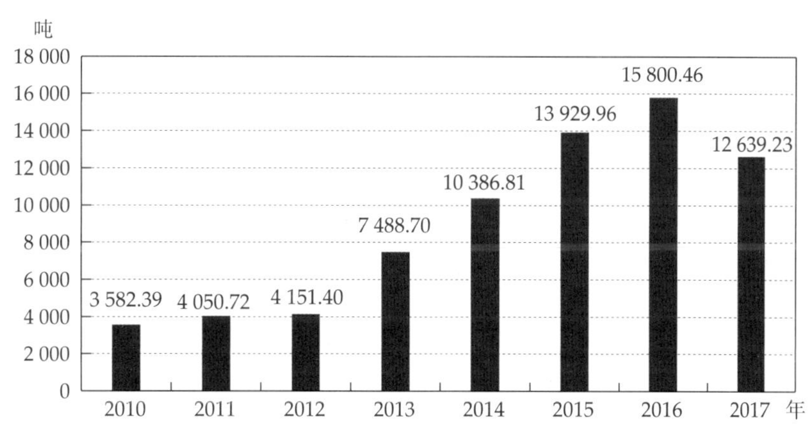

数据来源：中国黄金市场监测分析系统数据库。

图6–8　2010—2017年商业银行境外黄金业务量

二、黄金市场运行的主要特点

（一）境内外价差水平扩大，价差波动逐步收窄

自2017年初以来，国际金价从1 148.7美元/盎司不断震荡上行，9月8日达到年内最高点1 350.9美元/盎司，随后开始回落。年末，国际金价收于1 296.5美元/盎司，较上年末上涨11.85%，高于同期国内现货金3.45%的涨幅。

2017年，国内黄金现货、黄金期货与境外的价差水平均有所扩大。其中，上海黄金交易所黄金现货与伦敦金的平均价差为2.18元/克，较上年增加0.72元/克，较上年增长49.32%；上海期货交易所黄金期货与纽约COMEX黄金期货的平均价差从2016年的2.78元/克增至4.22元/克，增长54.80%。

从内外盘价差波动情况看，价差呈逐步收窄的趋势。其中，内外盘黄金现货价差由年初的5.82元/克逐步收窄至1.90元/克；内外盘黄金期货价差由10.69元/克收窄至3.63元/克。

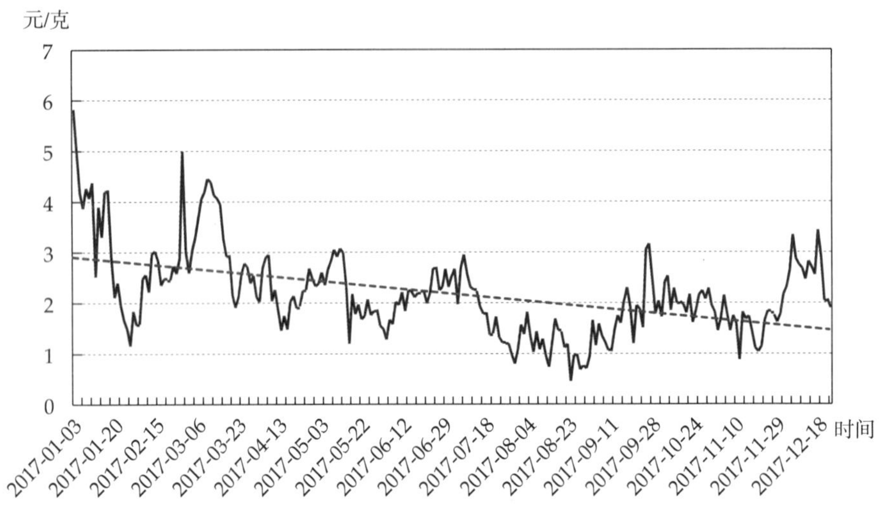

数据来源：上海黄金交易所。

图6-9 2017年国内外黄金现货价差波动情况

（二）全球各主要黄金市场交易放缓

2017年，上海黄金交易所各类黄金产品交易量较上年增长11.54%，较上年42.88%的增幅水平下降31.34个百分点。上海期货交易所黄金期货交易量较上年下降43.96%。日本东京工业品交易所、印度多种商品期货交易所的黄金期货交易量分别较上年下降24.52%和44.67%。英美发达黄金市场增幅也放缓，但仍保持增长。2017年，伦敦金银市场（LBMA）黄金清算量为161 560.91吨，增速由上年的9.38%下降至5.27%。全年，美国COMEX各类黄金期货合约累计成交225 771.44吨，较上年增长25.95%，较上年37.65%的增速下降11.7个百分点。

（三）黄金交易的移动终端业务发展迅猛

随着互联网技术的发展，越来越多的金融机构开始借助互联网渠道销售黄金业务产品。2015年12月，上海黄金交易所首款移动互联网产品“易金通”上线，提升了市场交易的便利性，满足了投资者尤其是个人投资者通过手机移动终端参与黄金交易的需求。2017年，通过“易金通”完成的交易金额达6 536.6亿元，同比增长415%；个人开户数达7.5万户，同比增长152%。商业银行也纷纷与互联网公司合作，开展账户黄金、实物金销售等业务。2017年以来，建设银行、中国银行分别携手阿里、腾讯，工商银行、农业银行先后联合京东、百度，交通银行与苏宁、苏宁金融签订战略合作协议。商业银行在管控风险的前提下，积极应用互联网技术，推出通过移动终端交易账户金、买卖实物金、开展黄金理财的APP，为客户提供资讯更全、信息更及时、交易更便捷的投资黄金的通道。

（四）黄金理财和境内黄金衍生品业务发展迅速

2017年，全国共有10家商业银行出售各类挂钩黄金的理财产品，名义本金额达12 485.72亿元，较上年增长113.45%。年末，未到期黄金理财产品余额为3 349.85亿元，较上年末增长114.52%。黄金理财产品的本金主要投资于债券及货币市场，仅少部分用于挂钩黄金部分的结构性操作，投资回报率的高低取决于所挂钩产品的表现。挂钩标的涉及黄金现货、国际金价、黄金基金等。由于黄金理财业务的结构性部分主要进行与黄金相关的交易，不进行黄金直接投资，因此交易一般需通过黄金远期或黄金掉期来锁定价格风险。这在一定程度上推动了境内黄金衍生品业务的增长。从银行间黄金询价交易平台看，2017年黄金衍生品交易量达14 534.02吨，较上年增长52.84%，占黄金询价交易量的98.86%；从商业银行柜台黄金市场看，2017年各项黄金衍生品业务累计成交2 437.71吨，较上年增长32.89%。

三、黄金市场制度与基础设施建设

（一）切实做好交易风险管理，严防系统性风险事件发生

修订了风险控制管理办法，加强对持仓量等市场指标的跟踪和分析，提升风险管理量化分析对决策的支持。持续完善风险监控系统，新增多项风险管理指标、风险试算和压力测试功能，及多种风控报警方式。加强日常交易动态监控和预警，做好日常风险监控和风险排查工作，分析排查并及时处置风险隐患，提升防范应对各类风险的水平。开展会员单位保证金运行情况调研，对保证金安全性进行摸底排查，探索建立客户保证金集中监控系统，不断提升保证金管理的安全性、时效性。

（二）加强增值税专用发票管理，启动反洗钱体系建设

配合国家税务、公安、审计等部门核查工作，加强对开户、交易、实物交割、发票开具等关键环节的管理，严防不具备真实实物需求的企业进入上海黄金交易所交易、交割、套取发票。启动增值税涉税管理信息系统建设，严厉打击黄金涉税犯罪行为。开展贵金属交易反洗钱工作，成立上海黄金交易所反洗钱工作领导小组，研究制定《反洗钱工作管理办法》等相关制度和业务指引。

（三）加强会员日常监督管理，保护投资者权益

构建上海黄金交易所会员管理长效机制，将会员资信、经营能力、合规水平等纳入考核指标。摸底排查会员的场外业务活动，适时开展约谈、窗口指导，严禁过度营销活动。开展互联网黄金业务问卷调查，积极排查业务风险，探索行业自律指导，为监管机构提供决策参考。重视投资者利益保护，建立客户调解机制，规范投诉处理流程，妥善处理各类纠纷和投诉案件，支持客户合理诉求。

（四）规范黄金租借业务，优化业务结构

以“审慎引导、严防风险、服务实体、总量控制”为指导原则，制定了黄金租借业

务内部管理办法。通过逐级、逐笔审批过户的方式，引导商业银行黄金租借业务切实服务实体企业。在租借总量和余量双调控的市场环境下，实体企业的租借业务量总体趋于平稳。

四、黄金市场对外开放

（一）国际板业务发展良好，跨境资金清算有序

自2014年9月上海黄金交易所国际板启动后，国际会员积极参与，交易规模稳步攀升，业务发展平稳有序。上线以来，国际板累计成交3.62万亿元。其中，黄金成交量13 754.40吨，成交额3.58万亿元；白银成交量12 062.14吨，成交额462.33亿元。

2017年，国际板成交贵金属1.22万吨，比上年增长75.94%，成交金额1.34万亿元。其中，黄金成交4 776.98吨，较上年增长19.67%，成交金额1.31万亿元，较上年增长21.71%。截至2017年末，上海黄金交易所国际会员达69家，通过国际会员代理的国际客户达71家。国际会员包括国际大型黄金精炼企业、伦敦金银市场协会黄金报价银行、主要贵金属交易机构以及国内大型商业银行的自贸区分支机构等市场主体。2017年，国际会员成交5 533.01亿元，占国际板交易总额的41.38%。国际会员开设了147个FT账户和29个境外账户。2017年，净额资金清算量为471.64亿元，跨区资金调拨450.63亿元，从境内净调拨至境外（含区内）294.35亿元人民币。

（二）响应"一带一路"倡议，深化与境外交易所的合作

积极响应和落实国家"一带一路"倡议，努力推动与"一带一路"沿线国家（地区）黄金市场协作发展。一是开展多形式、多载体的跨境合作，为境内外投资者开辟多样化的投资渠道。2017年，与俄罗斯有关方面签署黄金市场合作备忘录。二是推进跨市场合作，探索共建、共享、共赢发展的新机制。2017年5月13日，上海黄金交易所在"一带一路"国际合作高峰论坛举办期间，与匈牙利布达佩斯证券交易所签订战略合作协议，共同推进两国黄金市场健康、平稳、有序发展。三是拓展"上海金"基准价在境外市场的应用，提升"上海金"的影响力。2017年4月9日，迪拜黄金与商品交易所挂牌以"上海金"基准价作为结算价的人民币黄金期货合约。该合约产品上市以来运行平稳，交易量稳步增长。截至2017年末，该合约累计成交34 518手（约合34.5吨）。四是深入挖掘潜在市场，探索"一带一路"黄金市场发展的新思路。

五、黄金市场发展展望

2018年是贯彻党的十九大精神的开局之年，也是改革开放40周年。我国黄金市场将在契合上海自贸试验区深化改革方案的基础上，着重做好补短板、强优势、提水准的工作，深化黄金国际板建设和"上海金"定价机制，促进多层次黄金市场健康发展，更好地为实体经济服务，推动黄金市场国际化发展，与"一带一路"沿线国家（地区）加强业务对接和合作，提升人民币黄金定价影响力。

第七章 保险市场

2017年，我国保险市场总体发展平稳，风险保障水平快速提高，产品结构不断优化，资金运用收益稳步提升，行业风险防控能力显著提高，对外开放力度持续加大，保险服务经济社会发展能力进一步增强。

一、保险市场的运行情况

（一）原保费收入

2017年，我国保险业共实现原保险保费收入36 581.01亿元，同比增长18.16%。其中，财产险、寿险、意外险、健康险占比分别为26.88%、58.65%、2.46%和12.00%。2013—2016年，保险业原保费收入依次为17 222.24亿元、20 234.81亿元、24 282.52亿元和30 959.1亿元，年增长率分别为11.20%、17.49%、20.00%和27.50%。其中，产险公司原保险保费收入年增长率依次为17.20%、16.41%、11.65%和10.01%，寿险公司原保险保费收入年增长率依次为7.86%、18.15%、24.97%和36.78%。

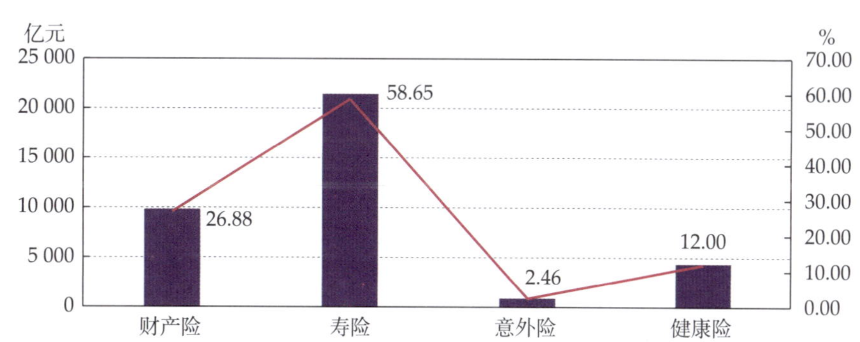

数据来源：中国保监会。

图7-1 2017年原保费收入结构

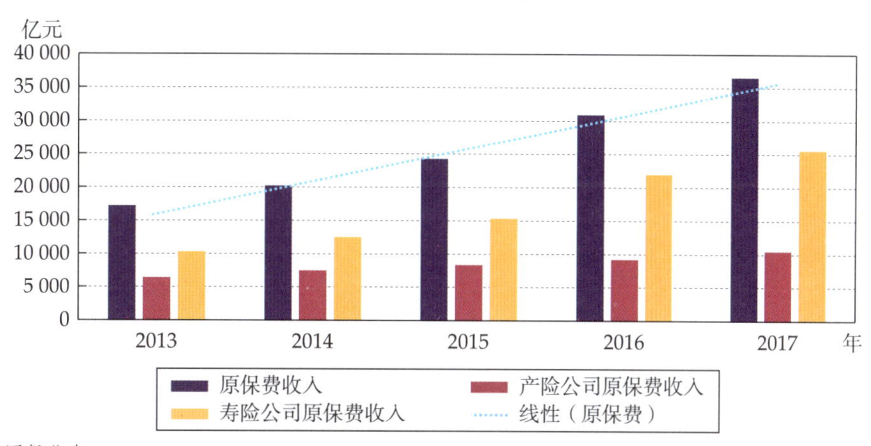

数据来源：中国保监会。

图7-2 2013—2017年原保费收入

（二）赔款和给付支出

2017年，保险业赔款和给付（以下简称赔付）支出11 180.79亿元，同比增长6.35%。其中，财产险赔付支出占比为45.50%，寿险赔付支出占比为40.92%，健康险赔付支出占比为11.58%，意外险赔付占比为2%。2013—2016年，保险业赔付支出分别为6 212.9亿元、7 216.21亿元、8 674.14亿元和10 512.89亿元，年增长率分别为31.73%、16.15%、20.20%和21.20%。

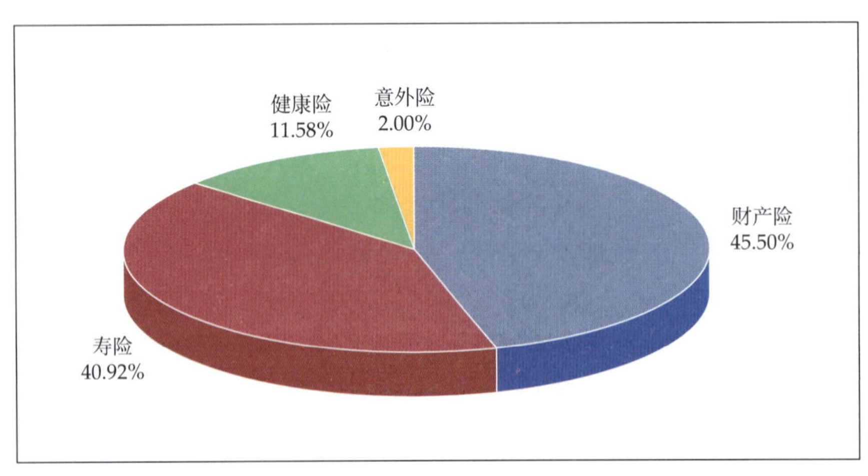

数据来源：中国保监会。

图7-3 2017年赔付支出结构

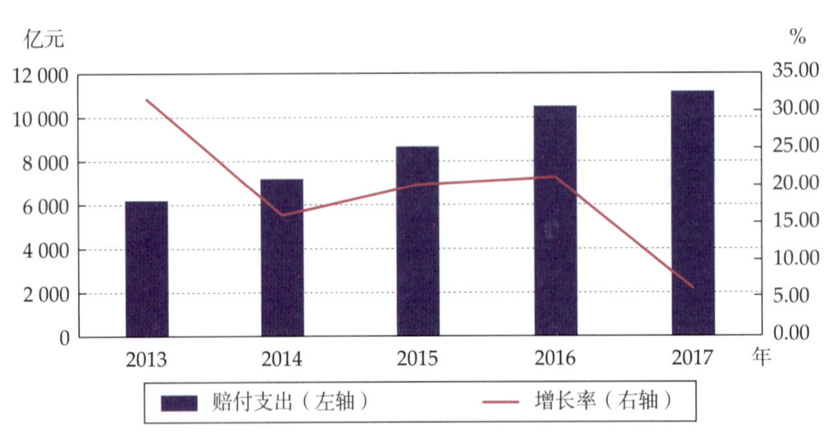

数据来源：中国保监会。

图7-4 2013—2017年赔付支出

（三）保险业总资产

2017年，保险业资产总量167 489.37亿元，较年初增长10.80%。其中，财险公司、寿险公司、再保险公司、保险资产管理公司总资产占比分别为15.55%、82.19%、1.96%和0.31%；财险公司、寿险公司、再保险公司、保险资产管理公司总资产较年初分别增长5.28%、6.25%、14.07%和15.28%。2013—

2016年，保险业总资产依次为82 886.95亿元、101 591.47亿元、123 597.76亿元和151 169.16亿元，年增长率分别为12.70%、22.57%、21.66%和22.31%。

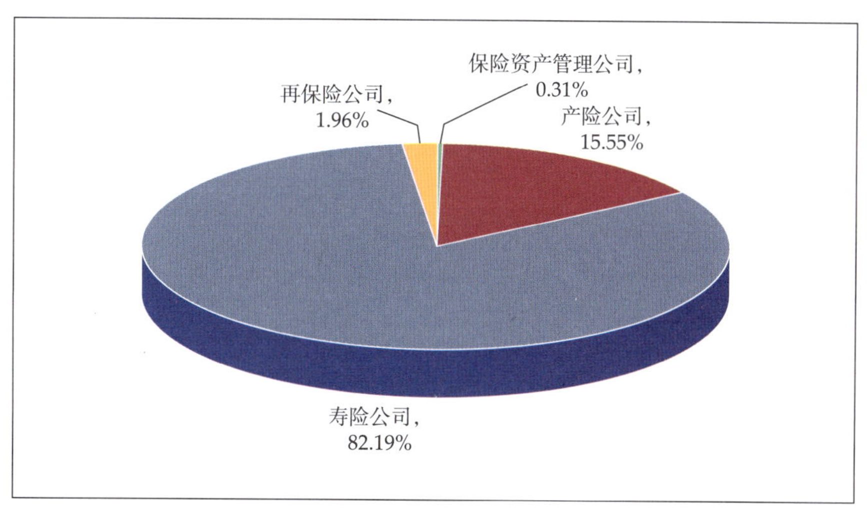

数据来源：中国保监会。

图7-5 2017年保险行业总资产结构

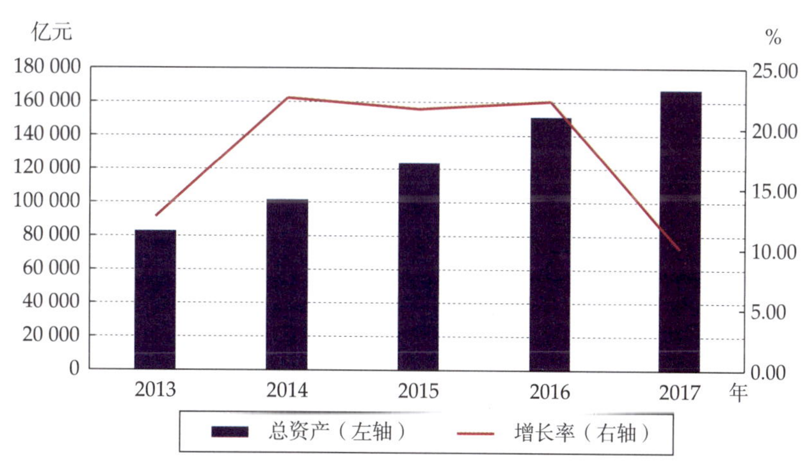

数据来源：中国保监会。

图7-6 2013—2017年保险行业总资产

二、保险市场运行的主要特点

（一）业务发展稳中向好，风险保障水平快速提高

2017年，保险业保持较快发展，但增速有所放缓，同比下降9.34个百分点。分险种看，财产保险业务积极向好，实现原保险保费收入9 834.66亿元，同比增长12.72%，增速上升3.60个百分点。与国计民生密切相关的责任保险和农业保险业务继续保持较快增长，分别实现原保险保费收入451.27亿元和479.06亿元，同比分别增长24.54%和14.69%。人

身保险业务增长放缓，实现原保险保费收入26 746.35亿元，同比增长20.29%，增速下降16.22个百分点。其中，寿险2 1455.57亿元，增长23.01%；健康险4 389.46亿元，增长8.58%；意外险901.32亿元，增长20.19%。2017年，保险业为全社会提供风险保障4 154万亿元，同比增长75%。其中，机动车辆保险提供风险保障169.12万亿元，同比增长26.51%；责任险251.76万亿元，同比增长112.98%；寿险31.73万亿元，同比增长59.79%；健康险536.80万亿元，同比增长23.87%。寿险本年累计新增保单1.11亿件，净增加0.73亿件，增长192.11%。

（二）业务结构持续调整，行业转型成效初显

人身险公司方面，从寿险业务结构看，普通寿险业务规模保费占比47.2%，较上年底上升11.1个百分点；万能险占比19.95%，下降16.9个百分点；分红险占比31.05%，上升7.3个百分点。从新单缴费结构看，新单原保险保费收入15 355.12亿元，同比增长10.66%。其中，新单期交业务5 772.17亿元，同比增长35.71%，占新单业务的37.59%，提升6.94个百分点。从业务渠道看，个人代理业务原保险保费收入13 065.64亿元，占人身险公司业务总量的50.18%，同比上升4.00个百分点；银邮代理业务10 584.02亿元，占比40.65%，同比下降3.50个百分点。财产险公司方面，宏观经济改善与积极的财政政策利好非车险业务。从财产险公司看，车险业务实现原保险保费收入7 521.07亿元，同比增长10.04%；非车险业务3 020.31亿元，同比增长24.21%，高于车险增速14.08个百分点，占比28.65%，同比上升2.41个百分点。

（三）资金运用配置有所优化，投资收益稳步增长

2017年，保险公司资金运用余额149 206.21亿元，较年初增长11.42%。其中，固定收益类余额70 886.96亿元，占比47.51%，下降3.19个百分点；股票和证券投资基金18 353.71亿元，占比12.30%，下降0.98个百分点；长期股权投资14 769.06亿元，占比9.90%，上升3.51个百分点。资金运用收益8 352.13亿元，同比增长18.12%，资金收益率5.77%，较上年同期上升1.11个百分点。其中，债券收益2 086.98亿元，增长11.07%；股票收益1 183.98亿元，增长355.46%。

（四）立足国家战略，服务经济社会发展能力增强

2017年，保险行业积极助力经济社会发展的重点领域和薄弱环节，推动科技创新，维护社会稳定，不断提升保险服务实体经济的效率和水平。从助推脱贫攻坚来看，截至12月末，农业保险为2.13亿户次农户提供风险保障2.79万亿元，同比增长29.24%；支付赔款334.49亿元，增长11.79%；4 737.14万户次贫困户和受灾农户受益，增长23.92%。从服务实体经济来看，保险业定期存款余额超过1.34万亿元，是实体经济中长期贷款重要资金来源；债券和股票为实体经济直接融资超过7万亿元，较年初增长15.00%。其中，支持"一带一路"建设投资规模达8 568.26亿元，支持长江经济带和京津冀协同发展战略投资规模分别达3 652.48亿元和1 567.99亿元，支持清洁能源、资源节约与污染防治等绿色产业规模达6 676.35亿元。从支持科技创新来看，科技保险为科技创新提供风险保障1.19万

亿元，首台（套）重大技术装备保险为技术装备创新提供风险保障821.71亿元。从稳定社会就业来看，保险公司代理人数持续快速增长。截至2017年底，保险代理人数达806.94万人，较年初增加149.66万人，增长22.77%。

三、保险市场创新

（一）保险产品和服务创新

1. 深入推进巨灾保险产品研发试点

为进一步强化巨灾风险保障功能，保险业深入推进巨灾保险产品研发试点。全国首个农业台风巨灾指数保险在上海创新推出，实现精准的风险致灾评估和保险费率定价；农业财政巨灾指数保险试点在黑龙江率先开展，首次将巨灾保险拓展到农业扶贫领域，精准对接贫困地区需求。

2. 创新推出首款网络信息安全综合保险

国内首款网络信息安全综合保险面世，保障责任范围覆盖了有害程序、网络攻击、信息破坏三大最常见网络安全事件所引起的数字资产损失以及数字资产泄露后第三方遭受的直接经济损失，客户可根据自身情况选择定制化的投保方案，保额最高达300万元。

3. 推出多项指数保险产品

为推动保险业强农惠农富农，各地创新推出多项指数保险产品。樱桃气象指数保险在宁波余姚推出，首期试点规模3 000亩，每亩保额2 000元，保费240元，提供风险保障共计600万元；藏系羊牦牛降雪量气象指数保险在青海省果洛州玛沁县试点，为当地3万多头牦牛、2万多头藏系羊提供了雪灾风险保障。此外，保险业还结合农业发展需求，创新推出了设施大棚风灾指数保险、蜜柚价格指数保险、小龙虾天气指数保险、种植业降雨指数保险等产品，保障农民收入，帮助农民抵御农业风险。

4. 积极创新保险条款和服务机制

2017年，保险业整合保险资源，为国产C919大飞机试飞保驾护航。在国产C919飞机总装下线、试飞运行各阶段，累计提供风险保障43.3亿元，保费约1 800万元，涉及飞机制造阶段的安装工程一切险及第三者责任险，试飞阶段的机身一切险、测试设备保险、第三者责任险及机上人员意外伤害保险等，累计为6架C919大飞机未来长达三年的试飞阶段提供了充足的保险保障，保险责任覆盖飞机首飞、飞机系统实验、机载系统集成实验等全过程。

5. 创新保险扶贫模式

为大力支持国家扶贫战略实施，保险业积极探索扶贫机制，强化社会责任，创新“保交所+精准扶贫”模式，将扶贫公益资金转化为困难群众的保险保障；创新试点推出“返贫责任保险”，对投保贫困对象因疾病、灾害、事故、就学等造成返贫的，按照当地当年人均可支配收入标准进行理赔，确保脱贫户人均可支配收入不低于当地平均水平。此外，保险业还结合各地扶贫工作实际需求，推出云南省沿边行政村群众人身意外伤害保险等保险项目，为贫困人口的生产、生活、医疗、教育等提供多方位风险保障。

（二）保险交易所功能创新

1. 创新推出“保交所+精准扶贫”模式，落实国家“脱贫攻坚”战略

上海保险交易所积极响应国家扶贫战略，助力精准扶贫，创新“保交所+精准扶贫”模式，与地方政府、公益慈善组织、银行和保险公司合作，发挥交易所的平台功能和专业优势，推动不同行业及主体间的资源对接、优势互补，形成了从招标到中标、从承保到理赔全程参与并实施监督的创新保险扶贫公益机制，变孤立扶贫为合作扶贫、精准扶贫。截至2017年12月31日，上海保险交易所已推动4个扶贫保险项目顺利落地，用1 190万元公益资金撬动387亿元保险保障，惠及6省17县的56万余名困难群众。

2. 持续优化“保交所+共保体”模式，助力巨灾保险惠及更多城乡居民

继2016年正式上线地震巨灾保险运营平台，成功推出“保交所+共保体”模式后，2017年下半年上海保险交易所先后正式对公众提供微信、APP投保渠道，建立了方便、快捷、可信的巨灾保险投保渠道，提升了巨灾保险的可获得性和人民群众的获得感，不断扩大巨灾保险覆盖面。截至2017年12月31日，上海保险交易所地震巨灾保险运营系统达成交易9.3万单，覆盖城乡住宅253.9万户，实现风险交易额1 065.6亿元。

3. 创新保险业机构间集中交易结算模式，财险共保交易结算平台正式上线

2017年12月14日，上海保险交易所财险共保交易结算平台正式上线，标志着我国保险业机构间集中交易结算新模式正式开启。该平台系统为财险共保业务提供交易撮合、数据清分、资金结算、信息查询等一站式综合服务，实现共保结算的标准化、集中化、规范化，为市场参与者提供安全高效、公平可靠的结算渠道。首批共同保险项目包括“宁波市轨道交通5号线一期和宁波至奉化城际铁路工程保险项目”“东海西湖作业区运营期一揽子保险项目”和“国家电网分布式光伏保险项目”。

4. 创新推出“保交链”，金融科技运用取得新进展

2017年3月28日，上海保险交易所成功通过区块链数据交易技术验证，共邀请9家保险机构参加，搭建由10个节点组成的小型联盟链，从功能、性能、安全、运维四个维度验证了区块链在保险征信方面运用的可行性。2017年9月1日，上海保险交易所上线区块链底层技术平台（即“保交链”），制定并发布《保交链底层框架技术白皮书》，为保险交易提供区块链基础设施，构建稳定、高效、安全的保险交易环境，引领行业科技进步与创新发展。

5. 创新提出并推动建设健康保险交易平台，助力提升社会民生保障水平

2017年3月22日，上海市政府发布《“健康上海2030”规划纲要》，明确“以上海保交所为平台，推动商业保险、医疗卫生服务、健康大数据等资源的对接和整合，支持商业保险发展，充分发挥商业健康保险对居民健康管理的支撑作用”。2017年8月30日，上海保险交易所和上海市卫计信息中心召开工作会议，共同规划建设上海健康保险交易中心。该平台的建设，是上海保险交易所发挥行业基础设施和综合服务平台功能，与上海市有关方面共同打造和服务健康城市的重要举措。

（三）保险科技创新

保险科技投入加大，大数据、人工智能、区块链、移动互联网、物联网等前沿技术被广泛运用于产品创新、保险营销和公司内部管理等方面。依托于互联网保险对部分标准化传统保险的快速替代及场景创新型产品带来的增量市场，互联网保险创新业务保持高速增长。2017年，互联网保险签单件数

124.91亿件，增长102.60%。其中，退货运费险68.19亿件，增长51.91%；保证保险16.61亿件，增长107.45%；意外险15.92亿件，增长539.26%；责任保险10.32亿件，增长438.25%。

四、保险市场对外开放

（一）保险市场对外开放力度不断加大

2017年1月，国务院发布《关于扩大对外开放积极利用外资若干措施的通知》（国发〔2017〕5号），强调服务业要重点放宽银行类金融机构、证券公司、证券投资基金管理公司、期货公司、保险机构、保险中介机构外资准入限制；8月，国务院发布《关于促进外资增长若干措施的通知》（国发〔2017〕39号），强调持续推进保险业对外开放，明确开放的时间表、路线图。

截至2017年9月，共有来自16个国家和地区的境外保险公司在我国设立了57家外资保险公司，下设各级分支机构1 800多家，外资保险公司总资产突破1万亿元，世界500强中的外国保险公司均进入了我国市场，完善了我国保险市场主体结构，形成了中外资保险公司优势互补、公平竞争、和谐发展的局面。

（二）积极服务国家“一带一路”倡议

2017年12月14日，上海保险交易所财险共保交易结算平台正式上线，为财险共保业务提供交易撮合、数据清分、资金结算、信息查询等一站式解决方案，实现共保结算的标准化、集中化、规范化，为提升保险公司面对大型项目或特殊风险时的承保能力提供了强有力的支持，有助于提升我国保险市场“走出去”的效率，在“一带一路”倡议落实过程中更好地为国内外企业提供风险防范、风险分散服务。

（三）为国际再保险提供资金跨境清算结算便利

为贯彻落实“人民币国际化”战略，助力上海自由贸易试验区建设，上海自贸试验区自由贸易账户体系与上海保险交易所实现了有效对接，为相关再保险业务人民币跨境结算提供便利化安排，完善配套清算结算机制，有效降低汇率风险。

（四）推动国际航运保险中心建设

依托上海保险交易所自主开发的国际航运保险平台，形成了保险机构自主注册、行业协会日常管理、保险交易所平台运营、监管机构事中事后监管的保险产品注册制度，建立了全方位公开透明的注册信息披露制度以及协会自律、公众监督和政府监管三位一体的风控机制，激发航运保险产品创新活力，使得航运保险产品供给潜力有效释放，从而提升了上海国际航运保险行业的国际竞争力。

五、保险市场发展展望

2017年，保险业认真贯彻落实党中央、国务院决策部署，沉着应对风险挑战，深入推进“1+4”系列文件落地落实，在防风险、治乱象、补短板和服务实体经济等方面取得了明显成效，不断提升服务大局能力。2018年，保险业将以习近平新时代中国特色社会主义思想为指引，全面贯彻落实党的十九大、中央经济工作会议和全国金融工作会议精神，把人民对美好生活的需要作为奋斗目标，坚持“保险业姓保”，充分发挥保险长期稳健风险管理和保障功能，更好地服务经济社会发展。随着保险市场基础设施建设的深入推进，我国多层次保险市场体系将进一步有效提升价格形成机制、标准化交易机制、交易秩序规范和风险交易范围，更好地满足人民群众和实体经济多样化的保险需求。此外，我国保险市场将进一步加大对外开放力度，积极落实国家建设开放型经济新体制的战略要求，更好地对接“一带一路”、自由贸易试验区建设等国家重大决策部署，助力推动形成全面开放新格局。

专题五 保险业的规范与管理

2017年，我国保险业扎实推进转型与改革，坚持强监管、防风险、治乱象、补短板、服务实体经济，强化监管制度落地落实，充分发挥保险长期稳健风险管理和保障功能，不断提升服务大局能力。

一、加大行业监管力度，防范和化解重点领域风险隐患

2017年，为深入贯彻全国金融工作会议精神，持续深化保险行业风险防范工作，保监会发布《关于进一步加强保险监管维护保险业稳定健康发展的通知》（保监发〔2017〕34号），明确了未来一段时期保险业监督管理工作的总体思路，同时制发四个落实文件，分别为《中国保监会关于进一步加强保险业风险防控工作的通知》（保监发〔2017〕35号）、《中国保监会关于强化保险监管 打击违法违规行为 整治市场乱象的通知》（保监发〔2017〕40号）、《中国保监会关于保险业支持实体经济发展的指导意见》（保监发〔2017〕42号）、《中国保监会关于弥补监管短板构建严密有效保险监管体系的通知》（保监发〔2017〕44号），围绕防范九个重点领域风险，采取了一系列监管措施。

一是防范流动性风险。建立了流动性风险定期监测制度，强化保险公司管理职责，健全流动性风险防范机制。研究建立保险保障基金向保险公司提供紧急流动性安排的制度。

二是防范保险资金运用风险。开展保险资金运用风险排查，聚焦重点领域，实施穿透式检查，严控增量风险。不断加大监管力度，治理非理性举牌、境外收购等乱象，控制保险资金进入房地产领域，严禁保险资金直接或间接投资商业住宅，规范保险机构内保外贷业务，取消通道业务等，保险资金激进投资得到有效遏制。

三是防范战略风险。规范公司筹建行为，加强公司治理监管，强化关联交易监管。

四是防范新业务风险。推进互联网保险风险专项整治，规范信用保证保险业务，防范交叉性金融风险。

五是防范外部传递性风险。谨防一些经营困难的企业通过财产保险、信用保险等途径向保险业转移风险和损失。

六是防范群体性事件风险。推进保险实名登记制度建设，启动保险服务标准化建设，加强保险产品销售行为管理，继续深入推进“亮剑行动”，严厉查处损害保险消费者权益的违法违规行为。

七是防范底数不清风险。组织保险公司从资产、准备金、资本、风险综合评级和信息披露五个方面，开展偿付能力数据真实性自查，共计发现601个问题，并要求公司进行整改，有效提升了行业数据质量。

八是防范资本不实风险。加强对股东资本的穿透式审查，穿透资金来源，确保入股资金自有、真实、合法；穿透股东资质，加强背景审查，严防动机不纯的投资者投资保险业。

九是防范声誉风险。加强政策解读和新闻发布，做好政务公开工作，并在行业内推进新闻发言人建设，加强舆情监测和提示，及时做好舆情应对。

2017年，保监会还制定了一系列制度，防范和化解重点领域风险。一是密切关注重点公司流动性等风险，完善流动性监管制度。从保险产品、资产结构、负债结构、处置长期资产、增加短期流动性资产等多方面采取措施，缓解流动性风险。同时，持续抓好满期给付和退保风险防范工作。二是加强公司治理和关联交易监管。2017年6月，印发《关于进一步加强保险公司关联交易管理有关事项的通知》（保监发〔2017〕52号），进一步加大监管力度，明确“穿透监管”“实质重于形式”的监管原则，从严认定关联方和关联交易，加大关联交易监管力度。三是加强保险资金运用监管。开展保险资金运用风险排查专项整治，重点关注重大股票、股权投资、利用金融产品、回购交易及资产抵质押融资放大投资杠杆等情况，将对存在突出问题及重点保险机构持续开展现场检查工作。

在保监会“1+4”等系列政策引导下，保险业转型升级步伐不断加快，行业风险防控工作取得积极成效，保险业风险防范的前瞻性、针对性和有效性增强，行业风险状况总体稳定。2017年，我国保险业共实现原保险保费收入36 581.01亿元，同比增长18.16%；保险业资产总量16.75万亿元，较年初增长10.80%。

二、有效发挥保险业风险管理与保障功能，促进行业回归本源

一是城乡居民大病保险全面推开。出台大病保险配套监管制度，鼓励大病保险承办保险公司延伸服务链条，实现即时结算、异地结算、一站式服务。2017年上半年，已完成续签的大病保险项目共覆盖8.46亿城乡居民。五年多来，全国累计有超过1 300万人直接受益于大病保险，各地大病患者医疗费用的实际报销水平普遍提高13%，全国城乡居民最高赔付达112万元。

二是推动健康养老产业发展。支持行业参与投资、参股医疗机构和公立医院改革，推进社会办医，缓解卫生资源投入不足的矛盾，形成合理的多元办医格局和医疗服务竞争机制；支持保险资金参与养老社区的投资与运营，推动养老社区项目发展。

三是推动农业保险发展。开展“粮食直补转保险的间接补贴”重大政策研究并拟订试点方案。截至2017年末，我国农业保险累计为2.13亿户次农户提供风险保障2.79万亿元，支付赔款334.49亿元，同比分别增长29.24%和11.79%。积极推动产品创新和产品开发。在13个粮食主产省选择200个产粮大县，试点将新型农业经营主体三大主粮作物的保险金额由保障物化成本提升至覆盖土地流转成本。稳步推进“保险+期货”试点，获得各方面积极评价。

四是持续推动商业车险改革。2015年以来，保监会先后推动两轮试点，自2016年6月开始在全国范围内实施商业车险改革。通过修订商业车险示范条款，强化保险公司的说明义务，简化了理赔流程，有助于减少理赔争议与诉讼纠纷。在费率改革方面，实现车损险车型定价，建立与出险次数挂钩的费率奖惩机制，引入交通违法费率调整系数，赋予保险公司定价自主权。在基础设施建设方面，建立车型标准数据库，持续发布“零整比”指数，首次发布汽车安全指数。保监会还相应建立商业车险费率回溯修订机制和现场检查与非现场测评联动工作机制。

三、“金融扶贫，保险先行”，助力国家脱贫攻坚战略

一是建立以农业保险、大病保险为核心的保险扶贫保障体系，防止因病因灾返贫致贫。

二是支持行业设立“中国保险业产业扶贫投资基金”，以市场化方式运作，主要投向贫困地区、革命老区、边疆地区和少数民族地区，总规模约100亿元。第一期规模10亿元，首个项目落地国家级贫困县河北阜平县。

三是上海保险交易所创新扶贫方式，构建“公益+交易所+保险”的精准扶贫模式，利用1 425万元善款，实现了近580亿元保额的撬动，为云南、陕西、西藏、安徽、四川、江西六省份17个贫困县的76万帮扶群众送上急需的保险礼。

四、创新保险服务，提升保险服务实体经济的效率和水平

一是积极引导保险资金服务供给侧结构性改革。围绕“去产能、去库存、去杠杆、降成本、补短板”五大重点任务，发挥保险资金优势，助力促进钢铁、煤炭等行业加快转型发展和实现脱困升级，支持保险资金参与降杠杆和市场化债转股。保监会披露的统计数据显示，截至2017年8月末，保险资金累计注册永续债14项，规模达808亿元。

二是积极支持“一带一路”建设和国家区域发展战略。鼓励境内保险机构在“一带一路”沿线国家或地区布局，支持保险资金服务京津冀协同发展、长江经济带等区域发展战略。截至2017年末，保险资金以债权、股权计划形式，投资“一带一路”项目8 568.26亿元，长江经济带3 652.48亿元，京津冀协同发展1 567.99亿元。

三是积极参与PPP项目和重大工程建设。保监会陆续印发《关于保险资金投资政府和社会资本合作项目有关事项的通知》（保监发〔2017〕41号）、《关于债权投资计划投资重大工程有关事项的通知》（保监资金〔2017〕135号）等系列配套文件，从技术细节上明确了具体支持政策，截至2017年8月底，累计发起设立各类债权、股权投资计划733项，合计备案（注册）规模达18 384.07亿元。

四是进一步完善新技术、新业态保险服务。组织行业开展有针对性的科技保险新产品研发，目前险种已经发展到20多个，积极推进建立科技型中小企业贷款保证保险共保体。有序推进专业互联网保险公司试点，扩大专业互联网保险公司业务范围，2017年，互联网保险创新业务签单件数124.91亿件，同比增长102.60%。

五是持续营造有利于服务实体经济的监管政策环境。保监会起草《偿二代二期工程建设方案（征求意见稿）》，偿二代二期工程将按照引导和鼓励保险业服务实体经济的精神和要求，完善最低资本标准等相关偿付能力监管规则，增强服务实体经济的能力。在分类监管和差别监管上，中国保险资产管理业协会印发《关于建立债权投资计划投资重大工程业务受理及注册绿色通道的通知》，对于债权计划投资“一带一路”等符合国家战略的重大工程，可以申请注册绿色通道和优先注册。

五、切实维护保险消费者权益

一是始终保持高压态势。全年共派出检查组585个，检查人员1 813人次，对606家保险机构及中介机构开展专项检查和个案检查。二是加强制度机制建设。出台保险消费风险提示制度，发布保险领域违法失信相关责任主体联合惩戒合作备忘录，推出保险销售行为可回溯制度，深化保险小额理赔管理制度建设，启动保险服务标准化工作，完善投诉考评，深化保险纠纷多元化解机制建设。三是严防群体性投诉事件和行业声誉风险。2017年，12378热线接听消费者来电共计69.69万个，监管系统共接收处理保险消费投诉9.3万余件，全国各地保险纠纷调解组织累计成功调解案件15万余件。四是督促保险公司切实改进服务。对117家保险公司服务情况进行评级并向社会公开。持续监测通报保险小额理赔服务质量情况，各项指标不断改善。

第八章 衍生品市场

2017年，我国衍生品市场保持平稳健康发展。商品期货市场多数品种价格上涨，但总规模有所下降。金融期货中，股指期货成交量、持仓量略有增加，市场持仓以机构为主；国债期货券款对付交割模式顺利推出，成交、持仓稳步增长，期现货联动性良好。利率互换市场创新深化，利率互换参考利率增加，长期限品种引入，交易活跃度持续提升，互换利率曲线总体平坦化上移。信用联结票据落地交易，信用衍生品市场参与者类型进一步丰富。汇率衍生品交易量增加，其中人民币外汇货币掉期业务显著增长，市场创新与制度建设进一步完善。场外大宗商品衍生品市场业务量有所下滑，但产品种类不断丰富，上海碳配额远期交易正式上线。

一、商品期货市场

（一）商品期货市场的运行情况

2017年，全国商品期货和期权累计成交量为30.52亿手（以下数据均按单边计算），累计成交额为163.30万亿元，同比分别下降25.92%和7.95%。

分交易所来看，2017年上海期货交易所累计成交量为13.64亿手，累计成交额为89.93万亿元，同比分别下降18.83%和增长5.83%，分别占全国商品期货市场的44.71%和55.07%，占比较上年有所上升；郑州商品交易所累计成交量为5.86亿手，累计成交额为21.37万亿元，同比分别下降34.98%和31.14%，分别占全国商品期货市场的19.20%和13.08%，占比略有下降；大连期货交易所累计成交量为11.01亿手，累计成交额为52.01万亿元，同比分别下降28.37%和15.31%，分别占全国商品期货市场的36.09%和31.85%，占比略有下降。

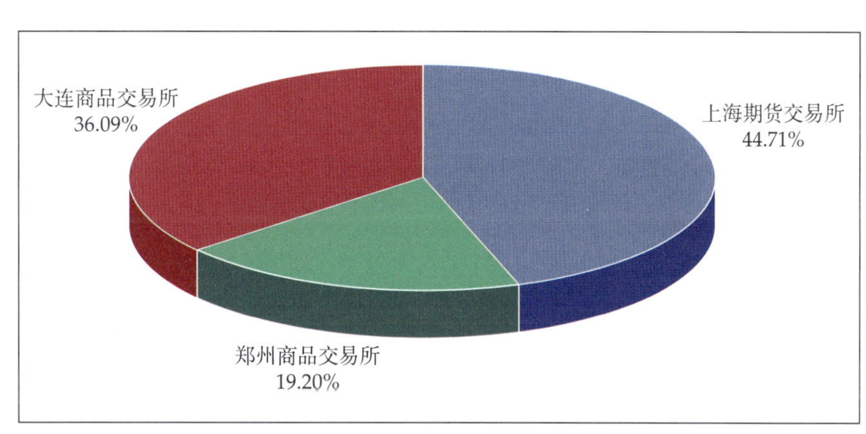

数据来源：中国期货业协会。

图8-1 2017年各商品期货交易所成交量占比

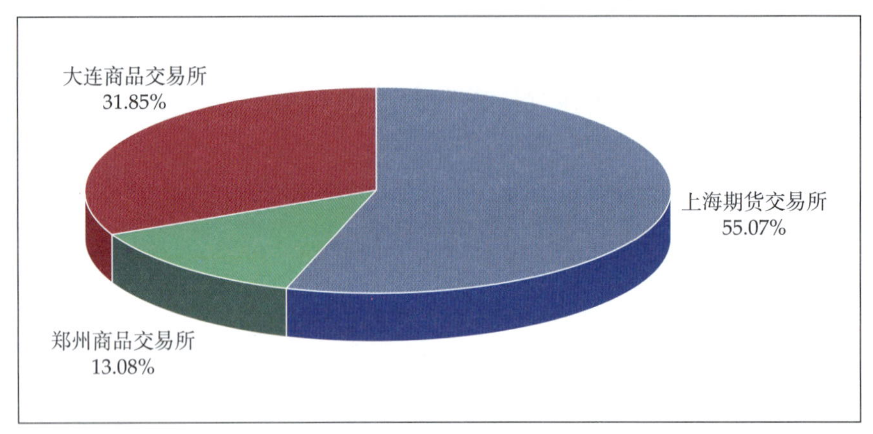

数据来源：中国期货业协会。

图8-2 2017年各商品期货交易所成交额占比

从成交活跃程度来看，2017年商品期货成交量前十大品种依次为螺纹钢、铁矿石、豆粕、PTA、甲醇、玉米、热轧卷板、石油沥青、锌和天然橡胶，合计成交量为19.80亿手，占全部商品期货和期权成交总量的64.88%；成交额前十大品种依次为螺纹钢、铁矿石、天然橡胶、铜、锌、焦炭、镍、黄金、铝和豆粕，合计成交额为108.35万亿元，占全部商品期货和期权成交总额的66.35%。

根据美国期货业协会（FIA）统计的2017年上半年成交量数据，上海期货交易所排名第9位，比2016年同期下降4位；大连商品交易所排名第10位，比2016年同期下降1位；郑州商品交易所排名第12位，比2016年同期下降1位。如果仅按商品类期货与期权成交量计算，上海期货交易所排名第1位，大连商品交易所排名第3位，郑州商品交易所排名第5位。

（二）商品期货市场运行的主要特点

1. 商品期货市场交易规模有所下降

2017年，全国商品期货交易规模继2011年之后首次下降，成交量和成交额同比分别下降25.92%和7.95%。

按商品大类来看，能源化工期货品种中，聚氯乙烯的成交量同比大幅上升246.89%，纤维板、焦煤和甲醇的成交量有所增加，动力煤、聚乙烯、玻璃、石油沥青、燃料油、聚丙烯和胶合板的成交量下降幅度超过30%。

金属类品种方面，硅铁、锰硅、铅和热轧卷板的成交量大幅上升，同比增长率分别为2 368.32%、1 726.35%、174.25%和138.28%，线材、铝和锌的成交量同比上升均超过25%，铁矿石、螺纹钢、铜和镍的成交量有所回落，锡、白银和黄金的成交量下降幅度超过30%。

农产品类品种方面，黄大豆二号的成交量同比大幅上升2 220.12%，鸡蛋的成交量增长超过60%；菜籽油、天然橡胶、黄大豆一号、粳稻、强麦和玉米淀粉的成交量有所下降，晚籼稻、豆油、白糖、早籼稻、棕榈油、普麦、豆粕、菜籽粕、一号棉和油菜籽的成交量下降幅度超过30%。

2. 多数商品期货价格上涨

（1）有色金属：除锡外，其他有色金属期货价格上涨。

铜、铝、锌、铅、镍的主力合约收盘价分别为55 580元/吨、15 225元/吨、25 725元/吨、19 170元/吨和96 870元/吨，分别较年初上涨21.46%、20.55%、22.24%、10.11%和12.63%；锡主力合约收盘价144 840元/吨，较年初下跌3.61%。

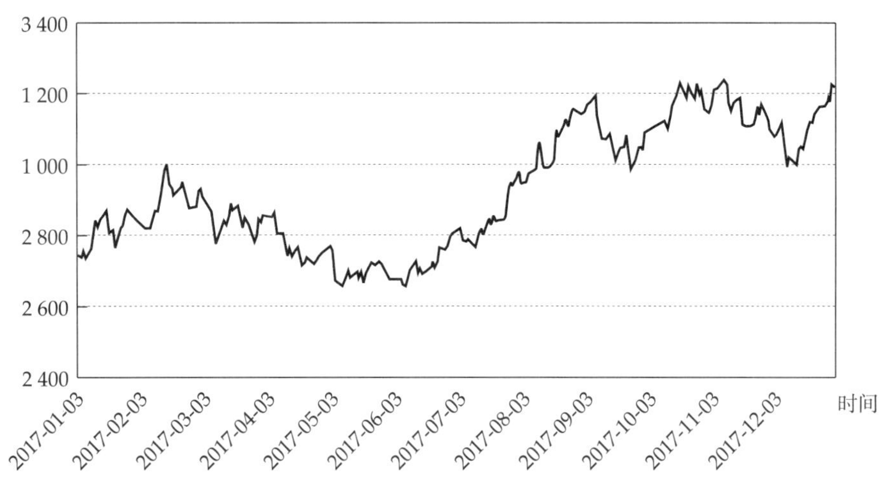

数据来源：Wind资讯。

图8-3　2017年上海期货交易所有色金属指数走势

（2）钢铁：钢材期货价格上涨，铁矿石期货价格略有下跌。

螺纹钢和热轧卷板的主力合约收盘价分别为3 794元/吨和3 846元/吨，较年初分别上涨33.08%和16.62%；铁矿石主力合约收盘价531.5元/吨，较年初下跌0.47%。

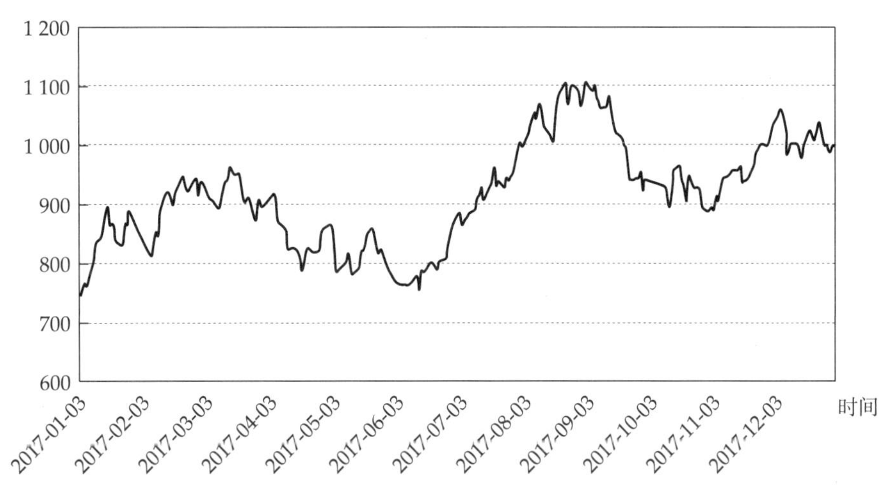

数据来源：Wind资讯。

图8-4　2017年中国期货市场监控中心钢铁期货指数走势

（3）能化：过半品种价格上涨。

焦炭、玻璃、动力煤、焦煤、PVC、聚丙烯、甲醇、PTA和塑料的收盘价分别较年初上涨33.70%、23.17%、22.80%、16.66%、10.46%、8.36%、6.97%、1.36%和0.93%；石油沥青的收盘价较年初下跌0.98%。

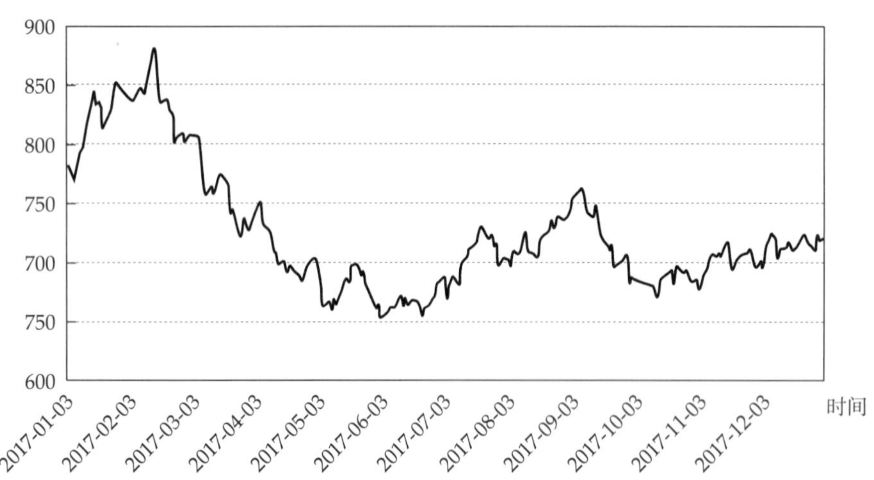

数据来源：Wind资讯。

图8-5 2017年中国期货市场监控中心能化期货指数走势

（4）农产品：过半品种价格下跌。

玉米、玉米淀粉、鸡蛋和菜籽粕的收盘价分别较年初上涨19.55%、18.80%、13.07%和0.53%；豆粕、一号棉、菜籽油、白糖、强麦、豆一、棕榈油、豆二、豆油和天然橡胶的收盘价分别较年初下跌0.43%、0.93%、10.51%、11.90%、13.78%、14.01%、16.25%、17.11%、18.45%和23.18%。

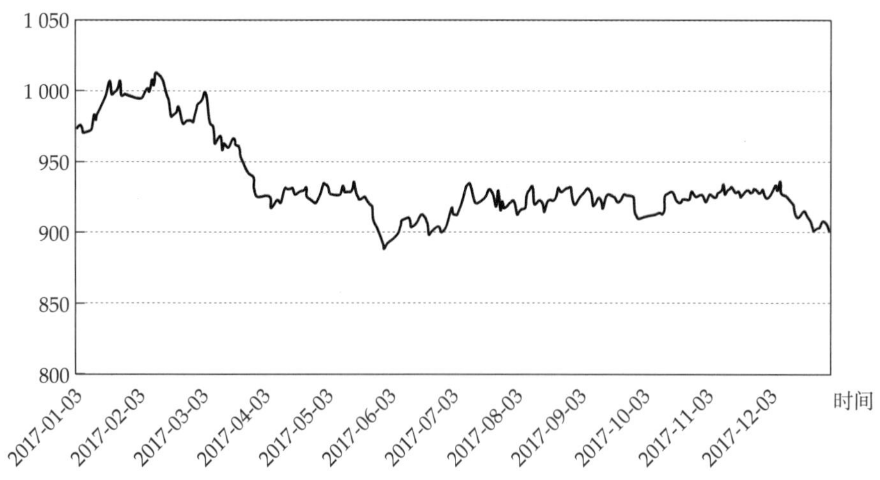

数据：Wind资讯。

图8-6 2017年中国期货市场监控中心农产品期货指数走势

3. 期货公司风险管理子公司业绩大幅提升

2017年，国内期货公司风险管理子公司的规模和利润均实现大幅增长。据中国期货业协会统计，截至11月底，共有70家风险管理公司通过协会备案，65家公司备案了试点业务。70家风险管理公司总资产达273.33亿元，同比增长31%；净资产为122.56亿元，同比增长89%。1~11月，风险管理子公司业务收入达736.01亿元，同比增长85%；净利润达8.56亿元，同比增长1 510%。

（三）商品期货市场创新

1. 交易品种进一步丰富，商品期权面世

2017年，中国期货市场共上市交易2个商品期货和2个商品期权新品种，其中，棉纱、苹果期货分别于8月18日和12月22日在郑州商品交易所挂牌交易，豆粕、白糖期权分别于3月31日、4月19日在大连商品交易所、郑州商品交易所挂牌交易。豆粕、白糖期权是我国首批商品期权，目前两个品种成交量相对稳定，持仓量稳步上行，做市商较好地履行了双边报价职能。两个期权品种的上市为涉农企业提供了更为多样化、精细化的风险管理工具，并在一定程度上提高了标的期货非主力合约的流动性，进而提升期货市场服务农业实体经济的能力。至此，我国上市交易的期货、期权品种达到了56个。此外，上海期货交易所的纸浆期货、郑州商品交易所的红枣期货以及上海期货交易所的铜期权的立项申请也分别于3月、7月和11月获批。

2. "保险+期货"继续写入中央一号文件

继2016年之后，"保险+期货"继续被写入2017年中央一号文件——《中共中央、国务院关于深入推进农业供给侧结构性改革加快培育农业农村发展新动能的若干意见》，在该文件"加快农村金融创新"中明确指出：深入推进农产品期货、期权市场建设，积极引导涉农企业利用期货、期权管理市场风险，稳步扩大"保险＋期货"试点。

为贯彻落实2017年中央一号文件精神，三家商品期货交易所均积极开展了"保险＋期货"试点工作，全年共开展79个试点项目，总试点规模80万吨，交易所的补贴额度达到1.3亿元。其中，上海期货交易所于2017年3月正式启动天然橡胶"保险+期货"精准扶贫试点工作，23个试点项目集中在海南、云南的14个贫困县，其中12个为国家级贫困县，受益胶农达2.3万余户，投入资金近4 000万元；这些试点项目总计实现赔付1 823万元，1.5万余户胶农获赔。郑州商品交易所共开展24个试点项目，覆盖5个省份、14个国家级贫困县，资金支持总额达到2 000万元左右。大连商品交易所共开展32个试点项目，覆盖7个省区，支持资金近7 000万元。

（四）商品期货市场制度与基础设施建设

1.《期货法》制定工作加速

2017年5月，全国人大常委会公布的2017年立法工作计划将制定《期货法》列入预备及研究论证项目。9月，证监会副主席方星海在上海期货交易所第六次会员大会上表示，《期货法》的制定工作正在加快推进。11月，证监会主席助理张慎峰在新浪金麒麟论坛上表示，下一步证监会将推动《证券法》《期货法》以及私募基金管理条例的修订或制定工作。《期货法》的出台将填补期货市场的立法空白，有利于提升期货市场的运行质量，提高期货市场功能发挥的有效性，加快期货市场的对外开放。

2. 三大商品期货交易所先后修订章程和交易规则

随着期货期权市场改革发展的不断深化、市场规范与监管的持续推进，以及《期货交易管理条例》（国务院令第676号）和《期货交易所管理办法》（证监会令第137号）的陆续修订，三大商品期货交易所先后修改了章程和交易规则。

2017年1月9日，大连商品交易所发布《大连商品交易所章程》和《大连商品交易所交易规则》修正案（大商所发〔2017〕8号）。其中，章程的修订内容主要包括优化交易所内部治理结构、拓展交易所业务发展空间及强化交易所自律监管职责三个方面，交易规则的修订内容主要包括体现交易所业务发展实际、拓展交易所业务发展空间和完善交易所自律监管职责三个方面。

2017年5月19日，郑州商品交易所发布了修改后的《郑州商品交易所章程》与《郑州商品交易所交易规则》（郑商发〔2017〕147号），其重点在于完善郑商所法人治理结构，理顺经营运作机制，优化制度规则体系，提高工作效能，为郑商所开展制度创新和技术创新、依法从严全面监管、推动交易所国际化奠定坚实制度基础。

2017年11月13日，上海期货交易所发布了新修订的《上海期货交易所章程》与《上海期货交易所交易规则》（上期发〔2017〕209号）。其中，章程主要围绕完善会员制交易所治理结构、拓展交易所业务发展空间、丰富一线监管能力、完善会员管理等四个方面，交易规则主要修订内容包括完善现行期货交易制度、为制度创新提供规则基础、强化交易所自律管理职责、健全期货交易责任构成要件等四个方面。

3. 期货经营机构监管体系不断完善

随着期货行业的快速发展，证监会、中国期货业协会等机构不断完善对期货经营机构的监管体系。

2017年7月，中国期货业协会发布的《期货经营机构投资者适当性管理实施指引（试行）》（中期协字〔2017〕60号）正式实施。该指引是根据中国证监会2016年12月发布的《证券期货投资者适当性管理办法》的要求制定的，旨在加强投资者保护，进一步完善期货行业自律规则体系，引导期货经营机构开展投资者适当性管理。

2017年10月，修订后的《期货公司风险监管指标管理办法》（证监会令第131号）及配套文件正式施行。该办法是根据《期货交易管理条例》制定的，旨在加强期货公司监督管理，促进期货公司加强内部控制、防范风险、稳健发展。

4. 商品期货市场对外开放稳步推进

一是原油期货国际化平台建设稳步推进。上海国际能源交易中心于2017年5月正式对外发布《上海国际能源交易中心章程》《上海国际能源交易中心交易规则》（上期发〔2017〕72号）、10个相关的业务细则以及原油期货标准合约，6月正式受理客户申请交易编码，7月起陆续批复同意中国银行、交通银行、招商银行和星展银行（中国）、中国工商银行、中国建设银行、中国农业银行和中信银行为从事境外客户保证金存管业务的指定存管银行，并全年开展了五次原油期货全市场生产系统演练。二是铁矿石期货国际化方案日渐清晰。大连商品交易所以“积极稳妥、循序渐进、以我为主、风险可控”为原则，研究制定了铁矿石期货引入境外交易者方案。三是PTA期货国际化正在探索中。郑州商品交易所重点开展推动PTA期货引入境外交易者试点等多项探索。

二、金融期货市场

（一）金融期货市场的运行情况

2017年，我国金融期货市场运行安全平稳。全年总成交量0.25亿手，成交金额24.60万亿元，同比分别增长34.14%和34.98%，成交量和成交额分别占我国期货市场的0.80%和13.09%。截至2017年末，金融期货市场开户人数达到37万户、其中自然人33.03万户、特殊法人（持牌金融机构）3.18万户、一般法人0.59万户、期货资管客户0.21万户。

1. 股指期货运行平稳，市场持仓以机构为主

2017年，我国股指期货市场总体运行平稳，较上年同期成交量、持仓量略有增加，期现货价格相关性高。截至2017年底，沪深300、上证50、中证500三个股指期货产品总成交量为982.56万手，总成交金额为10.51万亿元，同比分别增长4.51%和12.77%；日均成交量和日均持仓量分别为4.03万手和10.23万手，同比分别增长4.51%和8.16%；日均成交持仓比为0.40，同比下降3.74%。2017年，机构投资者在沪深300、上证50、中证500股指期货上的日均持仓占比分别为68.18%、71.60%和69.04%，股指期货市场持仓结构良好。2017年，股指期货三个产品期现货价格相关性高，沪深300、上证50和中证500股指期货主力合约收盘价以及对应现货指数收盘价的价格相关系数分别为99.92%、99.94%和99.52%。

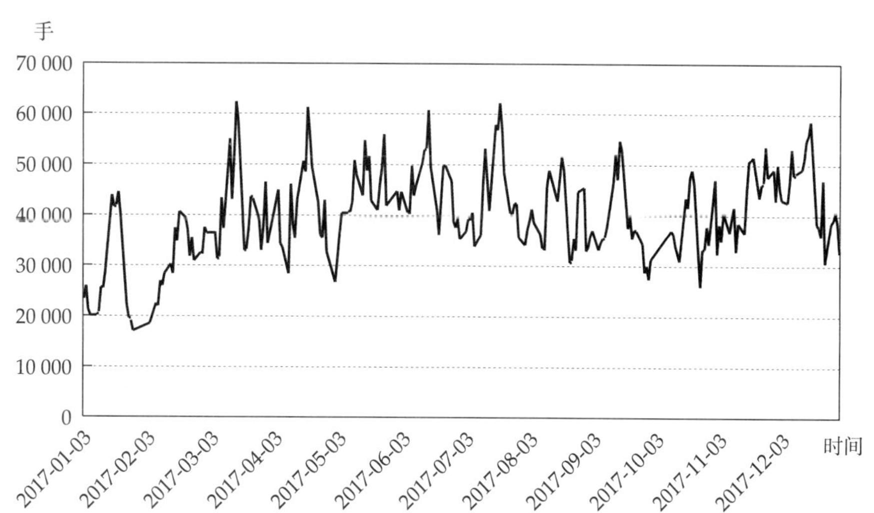

数据来源：中国金融期货交易所。

图8-7 2017年股指期货每日成交量

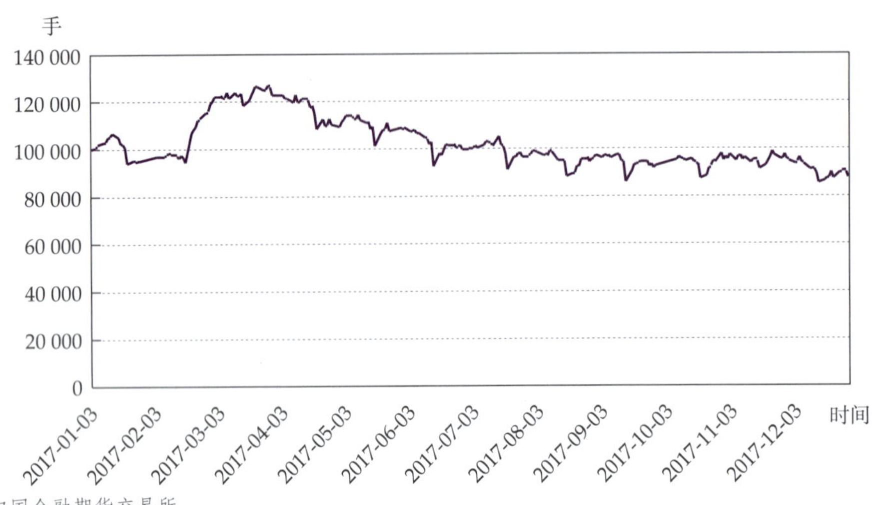

数据来源：中国金融期货交易所。

图8-8 2017年股指期货每日持仓量

2. 国债期货市场运行平稳，成交、持仓稳步增长

2017年，国债期货成交、持仓稳步增长，期现货联动性良好，交割业务平稳顺畅。截至2017年末，5年期和10年期国债期货累计成交1 477.03万手，日均成交6.05万手，同比增长65.33%；累计成交金额14.09万亿元，日均成交金额577.25亿元，同比增长58.23%。2017年末，国债期货总持仓10.74万手，同比增长33.76%。其中，5年期国债期货持仓4.64万手，10年期国债期货持仓6.10万手。2017年，国债期货顺利完成8个合约的交割，总交割量为8 062手，平均交割率为1.87%，交割平稳顺畅，投资者交割行为理性。上市以来，5年期、10年期国债期货主力合约与现货价格相关性均达到98%以上，期现货市场走势高度一致。

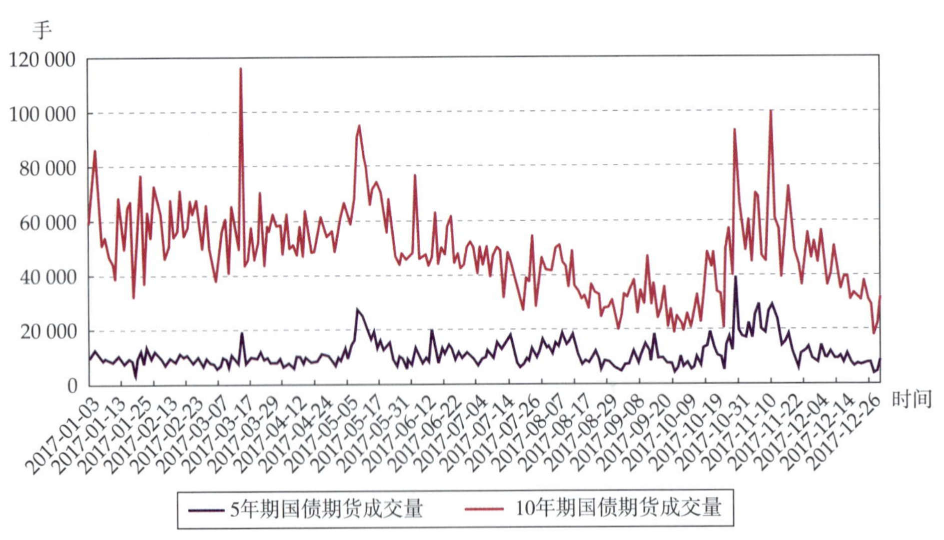

数据来源：中国金融期货交易所。

图8-9 2017年国债期货每日成交量

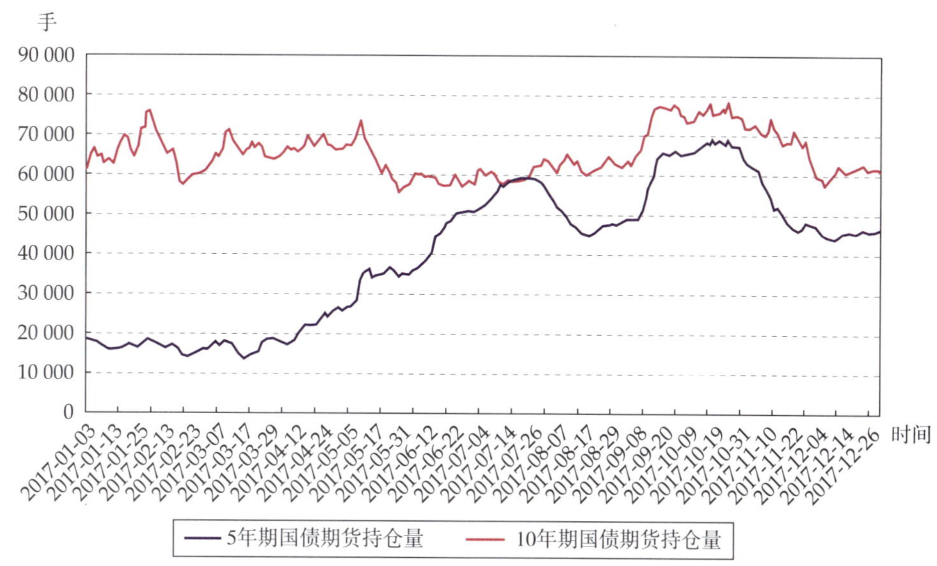

数据来源：中国金融期货交易所。

图8-10　2017年国债期货每日持仓量

（二）金融期货市场运行的主要特点

1. 股指期货市场流动性有待改善

2017年2月17日与9月18日，中国金融期货交易所（以下简称中金所）对股指期货交易安排进行两次小幅调整，即适度降低交易保证金标准、平今仓手续费标准和提高日内开仓量限制标准。2017年2月17日交易安排第一次调整前的日均成交量与持仓量分别为2.78万手和9.96万手，调整后分别为4.22万手和10.71万手；9月18日交易安排第二次调整后，日均成交量与持仓量分别为4.12万手和9.35万手。2017年的股指期货市场成交持仓比平均维持在0.40的相对较低水平。从市场深度看，经过两次调整后，沪深300、上证50和中证500的平均市场深度分别为11.63手、10.37手和8.40手。总体来看，两次交易安排调整后，股指期货市场成交量和持仓量变化不大，成交持仓比维持在较低水平，市场流动性有待进一步改善。

2. 国债期货市场发展成熟度不断提升

2017年，5年期国债期货日均持仓4.02万手，较上年增长37.92%；10年期国债期货日均持仓6.53万手，较上年增长43.76%。两个品种的增速基本一致，市场发展趋于均衡，更有助于满足投资者多元化避险需求，健全反映市场供求关系的国债收益率曲线。投资者结构方面，2017年，机构投资者在国债期货市场的日均持仓量占比达82%，以机构投资者为主的特征更加显著。2017年，债券现货市场波动较大，国债期货市场发挥出较好的风险管理功能，市场运行总体呈现成交规模平稳增长、期现货价格高度收敛、基差水平合理、机构投资者参与程度不断提高等积极变化，发展成熟度明显提高。

（三）金融期货市场制度与基础设施建设

1. 顺利推出国债期货券款对付交割模式

国债期货采用实物交割，上市以来交割业务运行平稳，促进市场功能逐步发挥。为进一步促进功能发挥、服务市场发展，在原有交割模式下，中金所新增了国债期货券款对付（DVP）交割模式。DVP交割是指在某一结算日实现买卖双方债券和资金同步交收的交割模式，是全球成熟市场国债期货品种通行的交割方式。国债期货DVP交割业务于2017年6月正式推出并在1 706合约交割上率先实施，截至2017年末已完成三次交割。DVP交割呈现出以下特点：一是由于大幅提高券款使用效率，它已成为主流模式，DVP模式交割量总体占比72%，市场接受度超出预期。二是滚动交割量占比提高，达到88%，较上年同期大幅提高49个百分点，避免了集中到最后交易日进入交割，整个交割周期中交割更加均匀，交割风险降低。三是实施DVP交割业务后，当客户券款充足的情况下，大部分交割业务可提前半个交易日完成，进一步减少双方占款占券时间。总体来看，DVP交割业务实施以来，国债期现货市场联通加强，交割业务办理时间减少，券款周转速度明显提升，交割效率大幅提高，有效盘活了国债资源。

2. 金融期货市场对外开放稳步推进

2017年，金融期货市场的国际化稳步推进。一是继续支持巴基斯坦证券交易所（以下简称巴交所）的发展。在完成巴交所股权交割后，中金所派出董事，组建驻巴工作组，积极支持巴交所发展工作；认真参加巴交所董事会、股东大会、各类委员会以充分履行股东义务、维护股东权益，推动巴交所董事会结构优化、高管全球招聘等，以进一步完善公司治理结构；支持拟定巴交所商业发展规划，实现巴交所上市的既定目标，并稳步开展上市资源拓展、新产品研发、技术设施建设等各项工作。二是继续积极支持中欧国际交易所（以下简称中欧所）的建设与发展。继续与中欧所在人员培训交流、市场推广等方面开展合作。中欧所成立两年多以来，总体运行平稳，交易额稳定增长。截至2017年12月末，中欧所共有72只产品挂牌交易，其中13只为ETF产品、2只为ETN产品，其余为债券类产品。开业以来，中欧所总交易金额共计85.84亿元人民币（双边计算），约99%的交易金额来自ETF产品，人民币计价产品的交易金额为3.53亿元人民币。

三、人民币利率衍生品市场

（一）人民币利率衍生品市场的运行情况

2017年，利率衍生品市场成交量创历史新高，共成交14.41万亿元，同比增长45.3%。其中，普通利率互换成交14.40万亿元，债券远期成交12.00亿元。截至年末，利率互换市场名义未平仓余额为12.55万亿元（单边计算），同比增长52.8%。

人民币利率衍生品市场参与主体继续扩大，非法人产品、农村金融机构等新入市机构入市步伐加快。截至年末，利率互换市场制度备案机构（含产品）共计317家，较上年末增加112家；承诺使用利率互换交易确认功能的机构（含产品）共计273家，较上年末增加76家。

（二）人民币利率衍生品市场运行的主要特点

1. 利率互换避险功能凸显，交易活跃度持续提升

伴随着货币市场利率和现券收益率的走高，利率互换避险功能凸显，参与机构不断扩容，交易策略渐趋多样化，市场活跃度持续提升。3月，利率互换成交金额高达1.2万亿元，突破上年12月高点。5月，利率互换成交金额再度突破1万亿元。下半年，利率互换月度成交金额维持在1万亿元以上，持续突破前期最高值，12月达到2.3万亿元的历史新高。

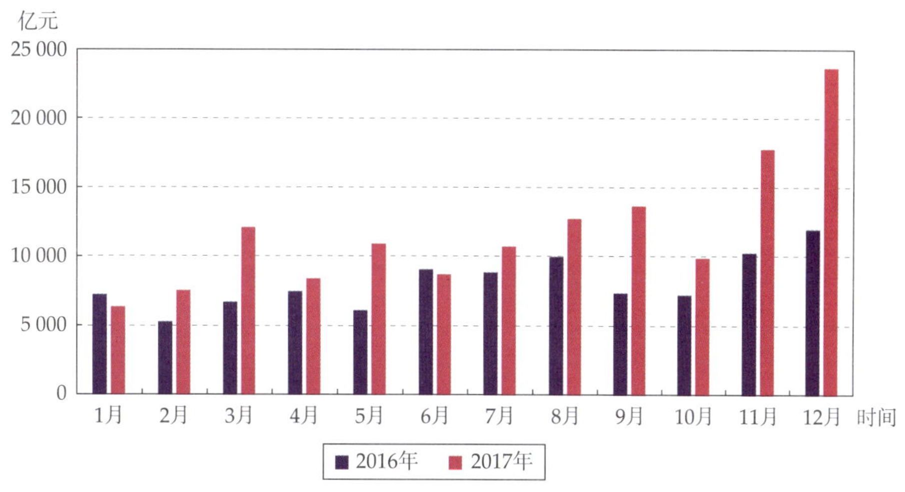

数据来源：中国外汇交易中心。

图8-11　2016—2017年人民币利率互换名义本金额

2. 期限结构仍以短期限为主，中长期限品种占比上升

从期限结构看，仍以1年及以下短期限品种为主，名义本金额占总成交量的76.9%，其中1年期以内品种名义本金额占比40.5%，1年期品种名义本金额占比36.4%；1~5年品种成交占比7%，较上年上升1.5个百分点。受益于5年以上长期限品种在X-Swap的推出，5年及以上品种成交占比16.1%，较上年上升0.9个百分点，其中，5~10年品种成交占比16.1%，10年及以上品种成交占比0.02%。

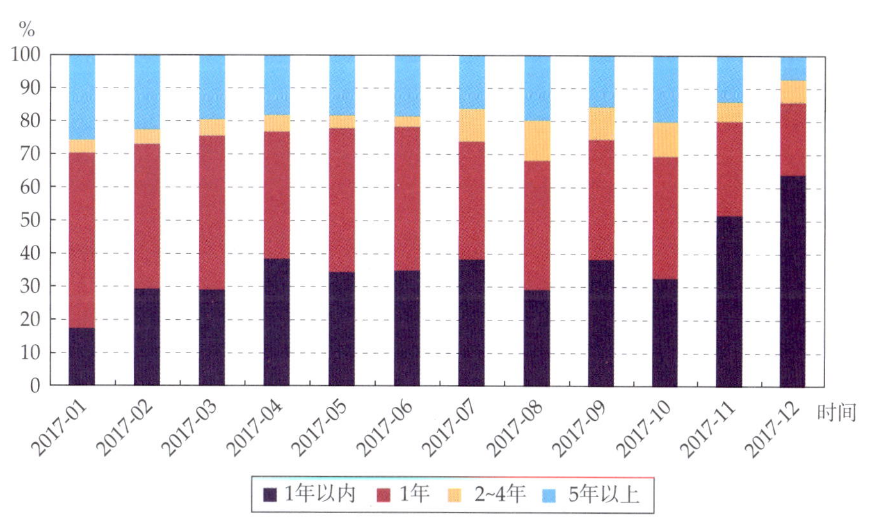

数据来源：中国外汇交易中心。

图8-12　2017年人民币利率互换期限结构

3. 参考利率仍以FR007为主，以Shibor为参考利率的交易占比上升

从浮动端挂钩利率看，以七天回购定盘利率（FR007）为参考利率的交易仍占主导，占比79.0%，较上年下降6.9个百分点。伴随着同业存单发行量的快速增长，以Shibor为参考利率的交易占比有所上升，较上年上升6.7个百分点至20.6%。此外，以贷款利率以及本年新增的七天银银间回购定盘利率（FDR007）、债券收益率、债券利差等为参考利率的交易也有一定活跃度，合计占比0.4%，较上年上升0.2个百分点。

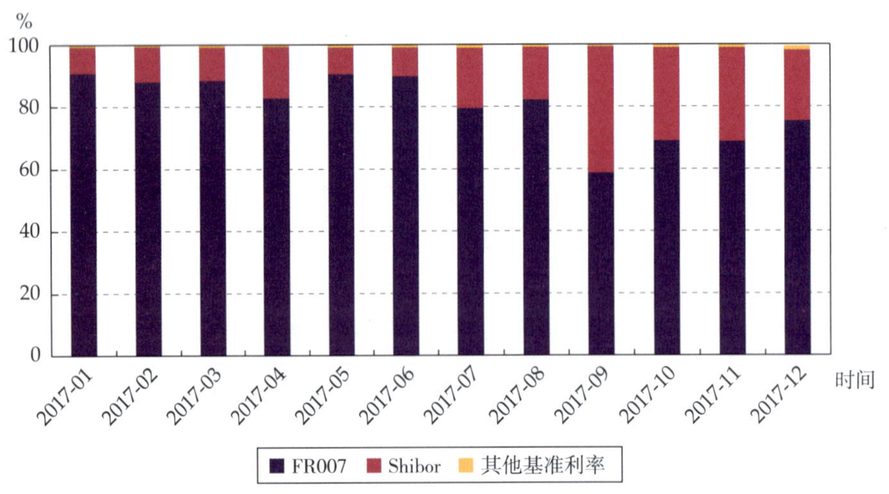

数据来源：中国外汇交易中心。

图8-13 2017年人民币利率互换参考利率结构

4. 互换利率曲线总体平坦化上移

全年来看，多数期限互换利率有所上行，且短端上行幅度高于长端，曲线平坦化。年末，成交最为活跃的1年期、5年期FR007互换利率收于3.71%和4.05%，较年初分别上行33个和19个基点。以同业存单定价基准Shibor3M为参考利率的互换合约利率上行幅度相对较大，1年期Shibor3M互换利率收于4.71%，较年初上行93个基点。

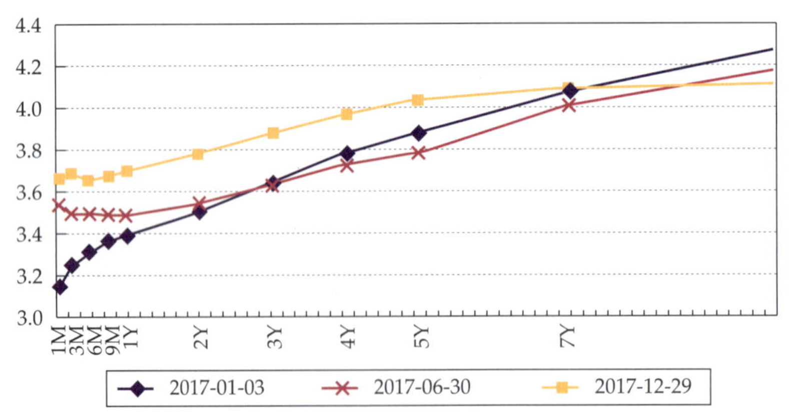

数据来源：中国外汇交易中心。

图8-14 2017年IRS-FR007收盘曲线走势

（三）人民币利率衍生品市场创新与制度建设

1. 银银间回购定盘利率（FDR）及相关利率互换正式推出

2017年5月31日，在人民银行推动下，中国外汇交易中心推出银银间回购定盘利率，包括FDR001、FDR007及FDR014三个品种。这是进一步完善银行间市场基准利率体系、提高货币政策传导效率的重要举措。与此同时，为满足金融机构以FDR007为标的开展利率互换的交易需求，中国外汇交易中心推出以FDR007为参考利率的利率互换交易相关服务，市场成员对此反应积极。

2. X-Swap引入长期限品种

2017年7月24日，在人民银行推动下，中国外汇交易中心新增5年以上期限人民币利率互换合约，参考利率包括FR007及Shibor3M，上海清算所同时将现有利率互换集中清算产品期限延长至10年。这一举措有效弥补了银行间利率衍生品市场长期限品种的缺失，对于活跃市场、提高交易效率、构建完整的互换利率曲线具有重要意义。

3. 推出债券收益率及基差利率互换交易

2017年10月30日，在人民银行推动下，中国外汇交易中心新增10年期国债收益率（GB10）、10年期国开债收益率（CDB10）、10年期国开债与国债收益率基差（D10/G10）、3年期中短期票据AAA与国开债收益率基差（AAA3/D3）四个利率互换参考利率，首次把债券收益率及利差引入利率互换基准曲线。这一举措极大地扩展了银行间市场衍生产品范围，为机构管理各类风险提供了更丰富、更直接、更有效的工具。

4. 推出利率互换合约压缩服务，提高集中清算效率

2017年，上海清算所研发并推出了人民币利率互换集中清算业务合约压缩服务，进一步提高了人民币利率互换集中清算效率。合约压缩是上海清算所针对人民币利率互换集中清算系统开发的最新技术，是上海清算所作为中央对手方，与清算参与者相互协商，对已纳入中央对手方清算的存续期合约进行处理，以减少衍生品合约数量及名义本金的处理过程。合约压缩对减少存续合约数量、释放授信额度、降低资本占用、减少组合管理成本的作用显著，是银行间市场交易后处理的一大创新，是与国际先进技术接轨的重要举措。

四、人民币信用衍生品市场

（一）人民币信用衍生品市场的运行情况

2017年，信用风险缓释工具（CRM）市场共成交7.69亿元。其中，信用违约互换（CDS）成交24笔，名义本金共计6.5亿元，期限均为1年以下；信用联结票据（CLN）成交2笔，名义本金共计0.5亿元，期限均为1年以下；信用风险缓释合约（CRMA）成交3笔，名义本金共计0.69亿元，期限均为1年以下。参考实体涉及能源、交通运输、公共事业、电信业务、农林牧渔、金属、建筑、批发和零售、城建等行业。

2017年，CRM市场参与者队伍逐步扩大。截至年末，共有CRM核心交易商34家（含22家银行、11家证券公司、1家信用增进机构），CRM一般交易商21家（含20家非法人产品、1家非金融机构），CRMW创设机构25家（含15家银行、9家证券公司、1家信用增进机构），CLN创设机构26家（含16家银行、9家证券公司、1家信用增进机构）。

（二）人民币信用衍生品市场创新与制度建设

1. CDS尝试报价制度进一步完善

为探索建立CRM报价商制度，满足参与者对产品流动性及估值定价等方面的需求，经过前期CDS尝试报价机制阶段性运行，在人民银行推动下，中国银行间市场交易商协会于2017年8月发布了《关于开展银行间市场信用违约互换尝试报价业务有关事宜的通知》，组织部分CRM核心交易商每周对不同评级参考实体的CDS合约进行尝试报价，形成可供市场参与者使用的报价统计信息。截至2017年末，共有26家CRM核心交易商申请成为CDS尝试报价机构，完成57期尝试报价。同时，为更好地运用CDS报价数据进行CDS产品估值，CDS尝试报价业务已经实现线上化运行。市场参与者可通过中国银行间市场交易商协会综合业务和信息服务平台进行报价并获取尝试报价统计数据。

2. 信用联结票据落地交易

2017年5月，中国农业银行和中债信用增进公司分别创设完成了1笔CLN产品，CLN产品正式登陆银行间市场，并在二级市场交易流通。自2016年9月修订发布CRM相关规则指引以来，随着CRM产品交易规模的增长，CRM市场参与者数量不断增加、类型逐渐丰富、需求更为多元，但仍存在卖方队伍整体不足的情况，还需进一步扩容。在此情况下，CLN作为现金预置型信用衍生品，有利于扩大信用保护卖方的范围，与CDS相互配合，满足参与者多样化的需求，优化市场参与者结构。

3. CRM市场信息化建设水平不断提高

2017年，中国银行间市场交易商协会推出的CRM交易备案及信息服务系统正式上线运行，可以实现CRM交易备案、尝试报价和信息服务等功能，为市场成员提供了电子化的信息报备平台，也为市场成员中后台估值提供了第三方数据来源，进一步降低了CRM市场成员操作风险，提高了交易信息备案效率。同时，该系统可以实时统计市场敞口信息，进行交易限额预警提示，防控市场风险。CRM市场的信息化建设进一步完善了CRM市场的基础设施，为市场成员提供了更加便捷和规范的信息化服务。

五、汇率衍生品市场

（一）汇率衍生品市场的运行情况

2017年，银行间汇率衍生品市场交投活跃，累计成交14.0万亿美元。银行间人民币汇率衍生品累计成交14.0万亿美元，同比增长27.6%。其中，人民币外汇掉期是人民币衍生品市场中的主力品种，成交13.4万亿美元，同比增长34.1%；人民币外汇远期成交1 034亿美元，同比下降32.4%；人民币外汇期权成交3 712.4亿美元，同比下降50.3%；人民币外汇货币掉期成交571.9亿美元，同比增长1.56倍。

外币对衍生品市场累计成交399.9亿美元，同比增长12.7%。其中，外币对掉期交易是外币对衍生品市场中的主力品种，成交323.8亿美元，同比增长3.9%；外币对远期成交76.1亿美元，同比增长75.7%。

2017年，汇率衍生品市场会员进一步扩

大。截至2017年末，人民币外汇远期会员194家，人民币外汇掉期会员192家，人民币外汇货币掉期会员163家，人民币外汇期权会员116家，外币对市场会员175家。

（二）汇率衍生品市场运行的主要特点

1. 汇率衍生品市场重要性持续提升

2017年，汇率衍生品成交14.0万亿美元，同比增长27.6%；外汇即期成交6.4万亿美元，同比增长8.0%。汇率衍生品在银行间外汇市场占比（不含外币拆借）从上年的64.6%进一步提升至68.5%，同国际外汇市场即期与衍生品市场交易量1∶2的格局已基本一致。

2. 货币掉期业务发展驶入快车道

2007年，银行间市场推出货币掉期交易，推出初期，由于交易要素相对复杂等原因，市场交易清淡。但2015年后，由于人民币国际化不断深入、海外投资规模迅速扩张、人民币汇率双向波动日益加剧、银行间市场对外开放程度逐渐加大等因素相互推动，人民币货币掉期业务发展驶入快车道。货币掉期交易规模显著增长，2016年货币掉期交易规模达223亿美元，同比增长1.2倍；2017年交易更加活跃，全年成交572亿美元，同比增长1.6倍。

3. 外汇掉期价格逐渐与利率平价理论水平接近

随着境内外币拆借市场规模扩大，参与者增加，境内人民币外汇掉期价格逐渐与利率平价理论水平接近，更多反映本外币利差、外汇供求的变动，受市场预期影响弱化。2017年末，境内掉期市场上，1年期人民币兑美元汇率收于6.6058，掉期点为716个基点，较上年末高63个基点。掉期点全年走势较为平稳，1年期掉期点年平均值为1 083个基点，较上年平均值上升368个基点。

4. 人民币汇率贬值压力大幅减小

随着2017年以来人民币对美元汇率升值，人民币贬值压力减小。境外无本金交割远期市场上，1 年期人民币兑美元汇率收于6.6600，意味着境外市场认为未来一年人民币隐含的贬值幅度为1.89%，而2016年末人民币兑美元汇率收于7.3240，隐含的贬值幅度高达5.28%。

5. 市场对人民币大幅波动担忧下降

2017年末，1年期期权隐含波动率为4.50%，较上年同期下降0.67个百分点，反映随着人民币对美元汇率升值走势逐渐清晰，市场对人民币汇率大幅波动的担忧有所下降。

（三）汇率衍生品市场创新与制度建设

1. C-Trade功能与交易品种完善

2016年末，C-Trade上线了潜在订单自动匹配功能。该功能上线以来，随着候选桥机构增加，市场流动性大幅提高，解决了银行授信不足导致的成交受限问题，进一步挖掘并满足参与主体的潜在交易需求。2017年5月，C-Trade推出冰山订单功能。该功能允许会员银行输入报价量较大订单时，不向市场显示全部数量，保护会员利益，避免巨额订单对市场产生较大影响。C-Trade年内还增加了Excel批量上传报价、交易参数设置、订单价格涨跌幅控制等功能，便利会员开展交易。同时，进一步丰富了C-Swap交易品种，新增4M、18M、2Y等 5个标准期限和1M×2M、3M×6M、6M×12M等8个远期对远期的掉期交易品种，满足交易主体交易需求。

2. 交易冲销和交易确认产品序列完善

2017年5月，在国家外汇管理局推动下，中国外汇交易中心在银行间外汇市场成功组织首轮外汇期权冲销业务。同时，外汇掉期冲销业务常态化运行，交易中心全年共组织六轮外汇掉期冲销，累计冲销合约361笔、66.7亿美元。交易中心还完善了外汇掉期冲销功能，进一步便利市场机构参与外汇衍生品冲销业务。2017年11月，交易中心进一步推出银行间货币掉期确认服务。目前共32家机构参与货币掉期确认业务，外汇市场交易确认服务产品序列进一步完备。

3. 外汇期权功能进一步优化

在新平台CFETS FX2017一期上，外汇期权功能在交易、试算、行情展示等方面都进行了优化。新平台能够提供多种波动率模型和插值方法的试算，其中，波动率模型包括SABR、Vanna-Volga、Linear和Spline，插值方法包括Loglinear、Linear和Cubic Spline。新平台还提供多种期权行情和交易展示功能，便于会员查看和统计期权交易情况以及权限管理。新平台还新增了非美货币对的试算功能以及查看和操作批量行权功能，便利会员预估金额以及到期行弃权。

六、场外大宗商品衍生品市场

（一）场外大宗商品衍生品市场的运行情况

2017年1月，场外大宗商品衍生品市场推出了我国首个场外人民币碳排放衍生品——上海碳配额远期交易。至此，场外大宗商品衍生品市场已实现了对能源、化工、黑色金属、有色金属、航运和碳排放六大行业的覆盖，产品数量达到14只[①]。2017年，受宏观经济下行等多重因素影响，场外大宗商品衍生品业务量下滑。场外大宗商品衍生品集中清算金额累计达到476.64亿元，清算合约数（按月拆、单边）达到46.74万张，市场参与客户数量较上年新增100家，达到582家。

从价格走势来看，2017年，航运衍生品价格走势分化，能源类衍生品价格震荡上行，有色金属衍生品价格持续走高，黑色金属衍生品价格震荡运行，化工衍生品价格先抑后扬，碳排放衍生品价格先扬后抑。

（二）推动碳衍生品市场发展，促进绿色金融发展

上海清算所于2017年1月联合上海环境能源交易所推出上海碳配额远期交易中央对手清算业务，形成了全国可复制、可推广、统一标准的中央对手清算服务以及风险管理模式，有助于落实国家关于低碳经济发展的战略目标，发展我国绿色金融市场，满足实体经济多样化需求，有利于防范系统性风险，促进我国碳排放市场的规范、稳定发展。

① 产品名称：人民币FFA——人民币远期运费协议；CIS——人民币铁矿石掉期；CSS——人民币动力煤掉期；FCP——自贸区铜溢价掉期；CSM——人民币苯乙烯掉期；EMEG——自贸区乙二醇进口掉期；CS——人民币集装箱掉期，具体包括WCS（上海至美西集装箱掉期协议）和ECS（上海至欧洲集装箱掉期协议）；CFFA——中国沿海煤炭远期运费协议，具体包括SCF（秦皇岛至上海煤炭远期运费协议，4万~5万DWT）和GCF（秦皇岛至广州煤炭远期运费协议，5万~6万DWT）；CUS——电解铜掉期；SHEAF——上海碳配额远期。

七、衍生品市场发展展望

（一）在防风险、服务实体经济等方面发挥积极作用

2018年，全球货币政策及经济环境有所改变，国内去杠杆和供给侧结构性改革继续推进，流动性风险管理办法、资管新规等监管政策将逐步落地，人民币汇率、利率市场化改革不断深化，金融市场面临较大不确定性，实体企业对汇率风险和利率风险等市场风险的避险需求将不断提高，衍生品工具主动管理和分散风险的重要作用将进一步显现。在此背景下，衍生品市场参与机构与交易策略将更加多元化，成交活跃度有望继续提高。此外，随着我国信用债市场规模的逐渐扩大和信用风险事件的不断增加，市场成员利用信用衍生品主动进行信用风险管理的需求将继续扩大。信用衍生品市场的深入发展将进一步完善债券市场信用定价机制，与现有信用评级制度相互配合，促进债券市场健康平稳发展，从而进一步降低实体经济融资成本、提高资源配置效率。

（二）产品创新和市场建设将持续大力推进

2018年，衍生品市场产品创新力度将继续加大，现有产品序列将进一步得到完善，市场机构开展风险对冲的选择将更为多样化。利率衍生品方面，将研究推出人民币利率期权、利率上下限期权等产品；汇率衍生品方面，将研究推出自定义期权组合以及基于双边授信、自动匹配（点击成交）的标准化期权（C-Option）。与此同时，市场交易机制将继续得到优化。进一步完善X-Swap和C-Trade交易系统的各项功能，包括完善期权行情展示、定价、交易和报价功能，丰富C-Trade订单提交方式，优化C-Trade畸零期限品种的市场报价，缩小买卖点差，以及推出Excel报价工具和C-Forward交易接口等。市场服务也将进一步提升。将进一步完善利率曲线和期权波动率曲面，为市场参与者在相关产品的定价和估值以及提升交易报价能力上提供便利。将进一步扩大交易后业务范围，尽快推出外汇货币掉期冲销服务，为外汇衍生品配套提供冲销试算、合约估值等服务。衍生品市场法律制度建设将持续推进，逐步解决终止净额结算等合同安排机制的立法确认问题，并通过加强监管和自律管理等手段，提高市场参与者契约意识，提倡市场参与者通过法律手段主张权利和解决纠纷。

（三）金融市场基础设施建设将进一步完善

基于2009年G20匹兹堡峰会达成的场外衍生品市场改革共识，美国、欧盟等国际监管主体已经逐步实施非集中清算场外衍生品保证金制度。随着我国场外衍生品市场不断成熟，市场成员盯市估值基础设施建设逐步完善，将适时考虑起草制定我国非集中清算场外衍生品保证金制度，要求交易双方在非集中清算的场外衍生品交易中必须使用保证金覆盖交易风险敞口，管理对手方信用风险，从而降低场外衍生品市场系统性风险并促进交易集中清算。与此同时，将进一步完善中央对手清算机制的配套政策，扩展中央对手清算机制的应用范围，将适合集中清算的场外衍生品逐步纳入中央对手清算，有效防控衍生品市场的风险，保障金融市场平稳高效运行。

专题六 信用违约互换与信用联结票据落地交易 完善债券市场信用风险分散分担机制

一、我国信用风险缓释工具市场发展历程

2010年10月，在人民银行推动下，中国银行间市场交易商协会发布了《银行间市场信用风险缓释工具试点业务指引》（中国银行间市场交易商协会公告〔2010〕13号），推出了信用风险缓释工具（CRM），包括信用风险缓释合约（CRMA）、信用风险缓释凭证（CRMW）两项产品，填补了我国信用衍生品市场的空白。然而，在当时我国金融市场所处的历史发展阶段，市场对于信用衍生品的需求不足，信用衍生品市场发展较为缓慢。

随着2014年信用债券“零违约”现象被打破，六家银行经银监会核准实施资本管理分级方法，市场运行情况和监管环境发生了变化。为进一步发挥金融对实体经济的支持作用，完善市场信用风险分散、分担机制，2016年9月23日，中国银行间市场交易商协会修订发布了《银行间市场信用风险缓释工具试点业务规则》（中国银行间市场交易商协会公告〔2016〕25号）（以下简称《业务规则》）和《中国场外信用衍生产品交易基本术语与适用规则（2016年版）》（中国银行间市场交易商协会公告〔2016〕30号），在保留原有CRMA和CRMW两项产品的基础上，推出信用违约互换（CDS）和信用联结票据（CLN）两项创新产品，并适度放宽市场参与者范围、简化业务流程。

二、CRM市场进一步发展具备市场基础

目前我国经济正处于提速换挡期，债券市场波动加剧，债券违约事件时有发生。CRM市场的进一步发展是我国金融市场不断深化发展的内生需求，是各类金融机构风险意识不断增强、风险管理需求不断增长的必然结果。

（一）我国信用债市场规模庞大

近年来，我国债券市场在规模、品种和参与者数量等方面均取得了蓬勃发展，截至2017年末，我国债券市场托管量已达到74.7万亿元。其中，信用债市场实现了跨越式增长，2017年末银行间市场和交易所市场的信用债托管量达到了25.1万亿元。信用债占比大幅提升、发行主体和投资者的多样化，为信用衍生品市场的发展奠定了基础。

（二）市场对于信用风险管理的需求逐步扩大

随着信用债发行主体的不断丰富，在市场大幅扩容的同时也积累了一定规模的信用风险敞口。由于长期以来我国债券市场未出现违约事件，因此信用风险管理一直没有得到足够的重视。直至2014年债券市场出现违约，违约事件由个别事件逐渐演变为常态发生，且发生违约的主体类型呈现多样化趋势，信用风险真正从幕后走向台前，各类投资者才开始高度关注信用债的信用风险，并寻求能够有效对冲和转

移信用风险的金融工具。

三、CDS和CLN产品的交易情况

2016年修订发布的《业务规则》受到了市场的普遍关注。市场参与者积极按照《业务规则》的相关要求，完善自身业务操作规程和风险管理制度，并筹建相关的业务处理系统，CDS和CLN产品先后于2016年和2017年在银行间市场正式落地交易。

2016年10月31日工商银行、农业银行、中国银行、建设银行、交通银行、民生银行、兴业银行、浙商银行、上海银行、中债信用增进公司等10家机构开展CDS交易，标志着我国CDS产品正式落地交易，2017年银行间市场共有21家参与者达成24笔CDS交易，名义本金共计6.5亿元。2017年5月，农业银行和中债信用增进公司分别创设完成了1笔CLN产品，于4月27日在交易商协会综合业务和信息服务平台披露产品信息，5月3日和4日在上海清算所完成凭证确权登记，次日在全国银行间同业拆借中心交易流通。首批CLN产品名义本金总计5 000万元，参与认购的投资者包括中债信用增进公司、民生银行和上海银行等机构。

从2016年CDS和CLN产品推出到2017年末，银行间市场累计达成CDS交易43笔，名义本金总计10.2亿元，参考实体涉及能源、交通运输、公共事业、电信业务、农林牧渔、金属、建筑、批发和零售等行业，交易期限以短期限为主，其中，1年及以下的交易41笔，1年至2年的交易2笔。银行间市场累计创设CLN产品2笔，名义本金总计0.5亿元，参考实体涉及能源和城建行业，期限均不超过1年。

四、CDS和CLN产品在我国的市场前景

CDS和CLN产品作为CRM的创新产品，在产品设计上较CRMA和CRMW产品取得了新的进展，保护范围由原有的单一债务拓展到参考实体的债务组，并在交易术语文件方面注意与《商业银行资本管理办法（试行）》（银监会令〔2012〕第1号）等监管法规相衔接，满足商业银行资本缓释要求。

（一）主动管理信用风险，加大对实体经济的支持力度

通过使用CDS和CLN产品，市场参与者可以将信用债等金融产品中的信用风险从其他风险中剥离出来并单独管理。各类型市场参与者的风险偏好和信息优势不同，可以充分利用自身优势对不同发行人的信用风险进行甄别和计量。一方面，对冲信用风险，机构可以有效降低对单一发行人的信用风险敞口暴露程度。另一方面，对信用风险的精确甄别、计量和定价，可以有效促进市场对债券信用风险的价格发现，促进债券市场健康平稳发展，从而进一步降低实体经济融资成本、提高资源配置效率。

（二）丰富资本管理工具，提高商业银行资本使用效率

根据《商业银行资本管理办法（试行）》，通过使用CDS和CLN产品等信用衍生产品，商业银行可按照规定要求降低资本占用，实现对信用风险的精细化管理，缓解资本压力，提高资本使用效率。

根据我国《商业银行资本管理办法（试行）》，商业银行在经监管部门同意

后可以使用内评法对风险资产进行评估，使用商业银行自有的内部评级体系进行风险资产计算。在内评法下，CDS等产品可以被认定为合格信用衍生工具，在计算风险资本时更好地发挥信用风险对冲效果，细化资本管理，减轻资本约束，提高资本使用效率。

（三）改善金融机构的信用风险集中度

商业银行等金融机构由于地域和人力上的限制，一般倾向于与本地区、熟悉程度高的客户进行业务往来。该模式容易形成信用风险在单一地域和单一客户上过度的集中。使用CDS和CLN产品，可以将集中的信用风险进行转移，实现信用风险的分散与分担。

附录一　2017年中国金融市场发展大事记

1月20日，国务院办公厅出台《关于规范发展区域性股权市场的通知》（国办发〔2017〕11号），进一步健全多层次资本市场体系。

1月20日，财政部印发《国债做市支持操作现场管理办法》（财库〔2017〕26号）。

2月17日，中国证监会发布《发行监管问答——关于引导规范上市公司融资行为的监管要求》，对《上市公司非公开发行股票实施细则》部分条文进行了修订，进一步完善上市公司非公开发行股票规则，规范上市公司再融资。

2月20日，银行间市场首单公募REITs——兴业皖新阅嘉一期房地产投资信托基金（REIT）资产支持证券成功发行，总规模为5.535亿元。

2月22日，中国银监会发布《关于印发网络借贷资金存管业务指引的通知》（银监办发〔2017〕21号）。

2月27日，国家外汇管理局发布《关于银行间债券市场境外机构投资者外汇风险管理有关问题的通知》（汇发〔2017〕5号），允许银行间债券市场境外机构投资者在具备资格的境内金融机构办理人民币对外汇衍生品业务。

3月2日，中国证监会发布《关于支持绿色债券发展的指导意见》（证监会公告〔2017〕6号）。同日，中央国债登记结算有限责任公司与明讯银行签署合作备忘录，启动跨境互联准备工作。

3月7日，花旗固定收益指数部门表示，中国债市将首次被纳入其三大政府债券指数——新兴市场政府债券指数、亚洲政府债券指数和亚太政府债券指数。

3月16日，俄罗斯铝业联合公司在上海证券交易所成功完成首期人民币债券发行，发行期限2+1年，发行金额10亿元人民币。这是首单“一带一路”沿线国家企业发行的熊猫债券。

3月17日，中国证券业协会发布实施《公司债券受托管理人处置公司债券违约风险指引》（中证协发〔2017〕44号）。同日，沪深交易所分别发布《公司债券存续期信用风险管理指引（试行）》，构建了一个以债券发行人、受托管理人为核心的债券存续期信用风险管理制度。

3月20日，国家开发银行与盛京银行达成的首笔押外币债券借人民币资金的质押式回购业务首期合同结算成功。

3月22日，中国银行间市场交易商协会发布《非金融企业绿色债务融资工具业务指引》（中国银行间市场交易商协会公告〔2017〕10号）。

3月31日，豆粕期权合约在大连商品交易所挂牌交易。

4月7日，中国证券登记结算有限公司发布《质押式回购资格准入标准及标准券折扣系数取值业务指引》（中国结算发字〔2017〕47号），将增量公司债回购准入标准提高至债项评级AAA级、主体评级不得低于AA级。

4月9日，迪拜黄金与商品交易所正式上线“上海金”期货合约产品。

4月11日，首批三只PPP项目资产支持证券在上海证券交易所挂牌。

4月12日，全国首单绿色资产支持票据——北控水务（中国）投资有限公司2017年第一期绿色信托资产支持票据在中国银行间市场交易商协会成功注册。

4月14日，上海证券交易所、深圳证券交易所发布公告修订了交易所债券交易实施细则，进一步完善了回购利率形成机制，平滑回购利率波动性，解决“节假日效应”问题，并于2017年5月22日正式施行。

4月19日，白糖期权合约在郑州商品交易所挂牌交易。

4月21日，国内首只“一带一路”建设中期熊猫债——招商局港口2017年第一期中期票据在全国银行间债券市场成功完成发行。

4月26日，财政部等六部门发布《关于进一步规范地方政府举债融资行为的通知》（财预〔2017〕50号），全面组织开展地方政府融资担保清理整改工作，切实加强融资平台公司融资管理，规范政府与社会资本方的合作行为，进一步健全规范的地方政府举债融资机制。

5月3日，中国证监会发布《区域性股权市场监督管理试行办法》（证监会令第132号），自2017年7月1日起施行。同日，中国农业银行和中债信用增进公司分别创设完成了1笔信用联结票据产品，国内首批信用联结票据正式登陆银行间市场。

5月8日，首单双创专项债务融资工具——成都高新投资集团有限公司2017年度第一期双创专项债务融资工具成功簿记建档发行。同日，全国外汇市场自律机制发布《中国外汇市场准则》（汇律发〔2017〕5号）。

5月15日，中国人民银行宣布成立金融科技（FinTech）委员会。

5月16日，中国人民银行、香港金融管理局联合发布公告，决定同意中国外汇交易中心暨全国银行间同业拆借中心、中央国债登记结算有限责任公司、银行间市场清算所股份有限公司和香港交易及结算有限公司、香港债务工具中央结算系统开展香港与内地债券市场互联互通合作（简称“债券通”）。

5月16日，财政部、国土资源部联合印发关于《地方政府土地储备专项债券管理办法（试行）》（财预〔2017〕62号）的通知。

5月26日，交易所市场首只小公募创新创业公司债——“17阳普S1”在深交所上市。

5月26日，中国外汇交易中心发布公告称，在人民币兑美元汇率中间价报价模型中引入“逆周期因子”。人民币兑美元中间价将由“前一交易日日盘收盘价+一篮子货币汇率变化+逆周期因子”三者共同决定。

5月26日，中国外汇交易中心完成我国银行间市场首轮外汇期权冲销，提前终止期权合约114笔，共计40.63亿美元，我国银行间市场首次开展期权类衍生品冲销业务。

6月2日，财政部发布《关于试点发展项目收益与融资自求平衡的地方政府专项债券品种的通知》（财预〔2017〕89号）。

6月6日，国债期货市场顺利完成了首笔券款对付（DVP）交割业务，实现了国债期货市场交割机制和期现货市场互联互通的重大进步。

6月7日，财政部、中国人民银行、中国证监会联合发布《关于规范开展政府和社会资本合作项目资产证券化有关事宜的通知》（财金〔2017〕55号）。

6月7日，中国外汇交易中心与香港交易所宣布在香港成立合资公司——“债券通”有限公司。

6月8日，中国人民银行、银监会、证监会、保监会、国家标准委等五部委联合发布了《金融业标准化体系建设发展规划（2016—2020年）》。

6月15日，财政部发布了《关于开展国债做市支持操作有关事宜的通知》（财库〔2017〕106号），决定开展国债做市支持操作。

6月20日，财政部首次开展国债做市支持操作，对1年期的“17附息国债09”开展随买操作12亿元。

6月21日，中国人民银行发布了《内地与香港债券市场互联互通合作管理暂行办法》（中国人民银行令〔2017〕第1号）。

6月21日，MSCI明晟公司宣布将中国A股纳入MSCI新兴市场指数。

6月26日，财政部、交通运输部联合印发《地方政府收费公路专项债券管理办法（试行）》（财预〔2017〕97号）。

6月28日，中国证监会发布《证券期货投资者适当性管理办法》，并于7月1日正式实施。

6月29日，全国银行间同业拆借中心、中央国债登记结算有限责任公司、银行间市场清算所股份有限公司联合发布《关于延长境外机构投资者债券交易结算周期的联合通知》。

7月1日，中国人民银行发布公告〔2017〕第7号，就境内外信用评级机构在银行间债券市场开展信用评级业务有关事宜作出规定。

7月2日，中国人民银行、香港金融管理局发布联合公告，决定批准中国外汇交易中心暨全国银行间同业拆借中心、中央国债登记结算有限责任公司、银行间市场清算所股份有限公司和香港交易及结算有限公司、香港债务工具中央结算系统香港与内地债券市场互联互通合作上线（简称“债券通”）。其中，“北向通”于2017年7月3日上线试运行。

7月3日，中国农业发展银行通过中国人民银行债券发行系统面向全球投资者公开招标发行160亿元政策性金融债券，首单“债券通”发行取得圆满成功。

7月3日，华能集团、三峡集团、中国联通、中铝公司和国家电投共5家企业作为“首日试点发行人”面向境内外投资者公告发行非金融企业债务融资工具，截至7月6日所有首日项目均成功完成簿记建档，金额合计70亿元。

7月4日，国家开发银行首次面向全球投资人成功发行200亿元“债券通”金融债券。

7月4日，中国证监会发布《关于开展创新创业公司债券试点的指导意见》（证监会公告〔2017〕10号）。

7月15日，国务院金融稳定发展委员会成立。

7月26日，匈牙利在中国银行间债券市场成功发行3年期人民币债券10亿元，成为首单通过“债券通”渠道面向境内外投资者完成簿记发行的外国主权政府人民币债券。

8月1日，国家发展改革委办公厅印发《农村产业融合发展专项债券发行指引》（发改办财金规〔2017〕1340号）、《社会领域产业专项债券发行指引》（发改办财金规〔2017〕1341号）。

8月11日，华夏幸福固安新型城镇化

PPP-ABN成功发行，成为银行间市场首单PPP资产证券化项目。

8月11日，中国外汇交易中心推出人民币对蒙古图格里克银行间市场区域交易业务。

8月18日，棉纱期货合约在郑州商品交易所挂牌交易。

8月22日，福元2017年第二期个人汽车抵押贷款资产支持证券成功发行，成为银行间市场首只通过“债券通（北向通）”引入境外投资者的资产支持证券。

8月29日，财政部发布公告称，面向有关银行定向发行了共6 000亿元人民币特别国债，期限包括7年期和10年期。

8月31日，中国人民银行发布公告称，决定自2017年9月1日起，将同业存单的期限明确为不超过1年，取消2年期和3年期同业存单，此前已发行的1年期（不含）以上同业存单可继续存续至到期。

9月4日，中国人民银行、中央网信办、工业和信息化部、工商总局、银监会、证监会、保监会联合发布关于防范代币发行融资风险的公告。

9月8日，中国证监会调整可转换债和可交换债发行方式并修订发布《证券发行与承销管理办法》（证监会令第135号）。

9月12日，国家开发银行采用预发行交易模式在全国银行间债券市场发行了以长江经济带水资源保护为专题的绿色金融债券。

9月13日，中国外汇交易中心推出人民币对柬埔寨瑞尔银行间市场区域交易业务。

9月18日，陕西金融资产管理股份有限公司发行5亿元债转股专项债券，国内首单债转股专项债券成功发行。

9月22日，中国证监会对《公开发行证券的公司信息披露内容与格式准则第26号——上市公司重大资产重组（2014年修订）》（证监会公告〔2014〕53号）进行了相应修订，进一步完善并购重组信息披露规则。

9月22日，上海证券交易所、全国中小企业股份转让系统有限责任公司、中国证券登记结算有限责任公司联合发布《创新创业公司非公开发行可转换公司债券业务实施细则（试行）》（上证发〔2017〕58号）。

9月25日，中国外汇交易中心推出英镑和加元拆借交易。

9月30日，中国人民银行决定对普惠金融实施定向降准政策，措施将从2018年起实施。

10月9日，中国外汇交易中心依托大额支付系统推出人民币对卢布交易同步交收业务，这标志着我国外汇市场正式建立人民币对外币同步交收机制。

10月16日，上海证券交易所首批双创可转债成功发行。

10月18日，由陕西省旅游集团延安文化旅游产业投资有限公司发行的我国首单项目收益公司债券在上海证券交易所成功挂牌转让。

10月19日，安徽省、云南省分别发行一批地方政府债，共计370亿元。其中，云南省发行的两只一般债券为续发品种。这是首次由地方政府对存续地方债进行续发行。

10月23日，国内首单央企租赁住房REITs、首单储架发行REITs——中联前海开源—保利地产租赁住房一号资产支持专项计划获得上海证券交易所审议通过。

10月26日，国家开发银行在深圳证券交易所首次尝试采用数量招标的方式增发金融债券，此次发行成为国开行在境内债券市场开展提取发行的试点。

10月27日，中国人民银行以利率招标方式开展了1 400亿元逆回购操作，其中，500亿元的63天期逆回购操作中标利率2.90%，这是其在公开市场首次进行63天期逆回购操作，也是截至目前期限最长的逆回购操作。

11月3日，贵州省高级人民法院作出终审裁定，维持贵阳市中级人民法院对厦门圣达威服饰有限公司（以下简称圣达威）欺诈发行私募债券案的刑事判决，圣达威法定代表人章某、原财务总监胡某因犯欺诈发行债券罪，分别被判处有期徒刑三年和两年。该案是全国首起因欺诈发行私募债券被追究刑事责任的判例，对于震慑债券领域犯罪行为、维护债券市场健康稳定发展具有重要意义。

11月9日，中国人民银行发布《境外商业类机构投资者进入中国银行间债券市场业务流程》，各类境外机构投资者现阶段均可在银行间债券市场开展现券交易，并可基于套期保值需求开展债券借贷、债券远期、远期利率协议及利率互换等交易；境外人民币业务清算行和参加行还可在银行间债券市场开展债券回购交易。

11月17日，中国人民银行、银监会、证监会、保监会、国家外汇管理局联合发布关于规范金融机构资产管理业务的指导意见（征求意见稿）。

11月22日，中国银监会发布《关于规范银信类业务的通知》（银监发〔2017〕55号）。

11月28日，中国外汇交易中心在银行间市场推出货币掉期冲销业务。

12月1日，上海证券交易所、深圳证券交易所、中国证券登记结算有限责任公司联合发布《证券交易资金前端风险控制业务规则》及配套细则，并自2018年6月1日起实施。

12月11日，全国首单轨道交通专项债券——2017年深圳市（本级）轨道交通专项债券（一期）在深圳证券交易所成功发行。

12月15日，中国银监会印发《国家开发银行监督管理办法》（银监会令〔2017〕2号）、《中国进出口银行监督管理办法》（银监会令〔2017〕3号）、《中国农业发展银行监督管理办法》（银监会令〔2017〕4号）。

12月18日，国家发展改革委印发《全国碳排放权交易市场建设方案（发电行业）》（发改气候规〔2017〕2191号）。

12月22日，苹果期货合约在郑州商品交易所挂牌交易。

12月27日，中国人民银行与中国证监会联合发布《绿色债券评估认证行为指引（暂行）》（中国人民银行、中国证监会公告〔2017〕第20号）。

12月28日，由重庆龙湖企业拓展有限公司申报的住房租赁专项公司债券获中国证监会核准，标志着全国首单公募住房租赁专项公司债券正式落地。

12月29日，中国人民银行决定建立“临时准备金动用安排”，在现金投放中占比较高的全国性商业银行在春节期间存在临时流动性缺口时，可临时使用不超过两个百分点的法定存款准备金，使用期限为30天。

12月29日，中国人民银行、银监会、证监会、保监会联合发布《关于规范债券市场参与者债券交易业务的通知》（银发〔2017〕302号）。

12月29日，中国银监会印发《金融资产管理公司资本管理办法（试行）》（银监发〔2017〕56号）。

附录二 中国金融市场统计

表1 2000—2017年主要宏观经济金融指标（年末余额）

单位：亿元、%

项目＼年份	2000	2001	2002	2003	2004	2005	2006	2007	2008	2009	2010	2011	2012	2013	2014	2015	2016	2017
国内生产总值(GDP)	99 215	109 655	120 333	135 823	159 878	184 937	216 314	265 810	314 045	340 903	408 903	484 124	534 123	595 244	643 974	689 052	743 585	827 122
增长率	8.4	8.3	9.1	10	10.1	10.4	12.7	14.2	9.6	9.2	10.6	9.5	7.7	7.8	7.3	6.9	6.7	6.9
进出口总额(亿美元、亿元)	4 743	5 097.7	6 208	8 512	11 547	14 221	17 607	21 738	25 616	22 073	201 723	236 402	244 160	258 168	264 242	245 503	243 386	277 923
增长率	31.5	7.5	21.8	37.1	35.7	23.2	23.8	23.5	17.8	-13.9	34.7	17.2	3.2	5.7	2.39	-7	-0.9	14.2
出口(亿美元、亿元)	2 492	2 661	3 256	4 384	5 934	7 620	9 690	12 205	14 307	12 016	107 023	123 241	129 359	137 131	143 884	141 167	138 419	153 321
进口(亿美元、亿元)	2 251	2 436.1	2 952	4 128	5 614	6 601	7 915	9 561	11 326	10 059	94 700	113 161	114 801	121 037	120 358	104 336	104 967	124 602
外汇储备(亿美元)	1 655.7	2 121.7	2 864	4 033	6 099	8 189	10 663	15 282	19 460	23 992	28 473	31 811	33 116	38 213	38 430	33 304	30 105	31 399
外商直接投资(亿美元)	408	468.5	527	535	606	603	694.7	747.7	924	900	1 057	1 160	1 117	1 176	1 196	1 263	1 260	1 310
财政收入	13 380.1	16 371	18 914	21 691	26 355.9	31 628	38 760.2	51 304	61 330	68 518	83 102	103 874	117 254	129 210	140 370	152 269	159 605	172 567
财政支出	15 879.4	18 844	22 012	24 607	28 360.8	33 708.1	40 222.7	49 565.4	62 593	76 300	89 874	109 248	125 953	140 213	151 662	175 768	188 793	203 330
赤字或盈余	-2499.3	-2473	-3098	-2916	-2004.9	-2080.1	-1462.5	1738.6	-1263	-7782	-6772	-5374	-8699	-11003	-11312	-23499	-29188	-30763
货币供应量(M2)	134 610.3	158 301.9	185 007	221 222.8	254 107	296 040.1	345577.9	403 401.3	475 166.6	606 223.6	725 851.79	851 590.9	974 148.8	1 106 524.98	1 228 374.81	1 392 278.11	1 550 066.67	1 676 768.54
增长率	12.3	17.6	16.9	19.6	14.9	16.5	16.7	16.7	17.8	27.6	19.7	13.5	14.4	13.6	11	13.3	11.4	8.2
货币供应量(M1)	53 147.2	59 871.6	70 822.0	84 118.6	95 969.7	107 279.9	126 028.1	152 519.2	166 217.1	220 004.5	266 621.54	289 847.7	308 664.2	337 291.05	348 056.41	400 953.44	486557.24	543 790.15
增长率	15.9	12.7	18.3	18.8	14.1	11.8	17.5	21.0	9.0	32.4	21.2	7.9	6.5	9.3	3.2	15.2	21.4	11.8

（续）

项目 \ 年份	2000	2001	2002	2003	2004	2005	2006	2007	2008	2009	2010	2011	2012	2013	2014	2015	2016	2017
货币供应量(M0)	14 652.7	15 688.8	17 278	19 746	21 468.3	24 032.8	27 072.6	30 334.3	34 218.96	38 245.97	44 628.17	50 748.46	54 659.77	58 574.44	60 259.53	63 216.58	68 303.87	70 645.6
增长率	8.9	7.1	10.1	14.3	8.7	11.9	12.6	12	12.8	11.8	16.7	13.8	7.7	7.1	2.9	4.9	8.1	3.4
城镇居民人均可支配收入(元)	6 280	6 859.6	7 703	8 500	9 422	10 493	11 759	13 786	15 781	17 175	19 109	21 810	24 565	26 955	28 844	31 195	33 616	36 396
实际增长率	6.4	8.5	13.4	9	7.7	9.6	10.4	12.2	8.4	9.8	7.8	8.4	12.6	9.7	6.8	6.6	5.6	8.3
农村居民人均纯收入(元)	2 253	2 366	2 476	2 622	2 936	3 255	3 587	4 140	4 761	5 153	5 919	6 977	7 917	8 896	9 892	11 422	12 363	13 432
实际增长率	2.1	4.2	4.8	4.3	6.8	6.2	7.4	9.5	8	8.5	10.9	11.4	13.5	9.3	11.2	7.5	6.2	7.3
金融机构各项存款	123 804.4	143 617.2	170 917.4	208 055.6	241 424.3	300 208.6	348 015.6	401 051.4	478 444.2	612 005.1	733 382.03	826 701.35	943 102.27	1 070 587.72	1 173 734.59	1 397 752.11	1 555 247.07	1 692 727.15
增长率	13.8	16.0	19.0	21.7	16.0	24.3	15.9	15.2	19.3	27.9	19.8	12.7	14.1	13.5	9.6	19.1	11.3	8.8
金融机构各项贷款	99 371.1	112 314.7	131 293.9	158 996.2	178 197.8	206 838.5	238 279.8	277 746.5	320 048.7	425 622.6	509 225.95	581 892.5	672 874.61	766 326.64	867 867.89	993 459.69	1 120 551.79	1 256 073.74
增长率	6.0	13.0	16.9	21.1	12.1	16.1	15.2	16.6	15.2	33.0	19.6	14.3	15.6	13.9	13.3	14.5	12.8	12.1
居民消费价格指数 (CPI)	0.4	0.7	-0.8	1.2	3.9	1.8	1.5	4.8	5.9	-0.7	3.3	5.4	2.6	2.6	2.0	1.4	2.0	1.6

注：1．往年数据根据最新公布数据有所调整。

2．2009年以后的进出口总额、进口、出口数据以人民币计。

数据来源：国家统计局、中国人民银行、财政部。

表2　2000—2017年新增本外币存贷款构成及增长率（年末余额）

单位：亿元、%

项目＼年份	2000	2001	2002	2003	2004	2005	2006	2007	2008	2009	2010	2011	2012	2013	2014	2015	2016	2017
金融机构各项存款	123 804	143 617.2	170 917.4	208 055.6	241 424.3	300 208.6	348 015.6	401 051.4	478 444.21	612 005.1	733 382.03	826 701.35	943 102.27	1 070 587.72	1 173 734.59	1 397 752.11	1 555 247.07	1 692 727.15
比上年末增长	13.8	16.0	19.0	21.7	16.0	24.3	15.9	15.2	19.3	27.9	19.8	12.7	14.1	13.5	9.6	19.1	11.3	8.8
其中：城乡居民储蓄	64 332.4	73 762.4	86 910.7	103 617.7	119 555.4	147 053.7	166 616.2	176 213.3	221 503.47	264 756.9	307 166.39	357 901.58	415 549.87	471 090.18	512 790.14	551 928.92	606 522.23	651 983.38
比上年末增长	7.9	14.7	17.8	19.2	15.4	23.0	13.3	5.8	25.7	19.5	16.0	16.5	16.1	13.4	8.9	7.6	9.9	7.5
企业存款	44 093.7	51 546.6	60 028.6	72 487.1	84 669.5	101 750.6	118 851.7	144 814.1	164 385.79	224 360	252 960.27	423 086.61	478 730.2	541 793.87	591 069.28	455 208.83	530 895.41	571 640.83
比上年末增长	18.6	16.9	16.5	20.8	16.8	20.2	16.8	21.8	13.5	36.5	12.7	67.3	13.2	13.2	9.1	-22.9	16.6	7.7
金融机构各项贷款	99 371.1	112 314.7	131 293.9	158 996.2	178 197.8	206 838.5	238 279.8	277 746.5	320 048.68	425 622.6	509 225.95	581 892.50	672 874.61	766 326.64	867 867.89	993 459.69	1 120 551.79	1 256 073.74
比上年末增长	6.0	13.0	16.9	21.1	12.1	16.1	15.2	16.6	15.2	33.0	19.6	14.3	15.6	13.9	13.3	14.5	12.8	12.1
其中：短期贷款	65 748.1	67 327.2	76 822.4	87 397.9	90 808.3	91 157.5	101 698.2	118 898	128 571.47	151 390.7	171 236.64	217 480.1	268 152.19	311 771.97	336 371.27	359 190.66	371286.36	405 492.17
比上年末增长	2.9	2.4	14.1	13.8	3.9	0.4	11.6	16.9	8.1	17.7	13.11	27	23.3	16.3	7.9	6.8	3.4	9.2
中长期贷款	27 931.2	39 238.1	51 731.6	67 251.7	81 010.1	92 940.5	113 009.8	138 581	164 160.4	235 591.3	305 127.55	333 746.51	363 894.2	410 345.5	471 818.36	537 832.55	634209.87	750 130.12
比上年末增长	16.5	40.5	31.8	30.0	20.5	14.7	21.6	22.6	18.5	43.5	29.5	9.4	9	12.8	15	14	17.9	18.3

数据来源：中国人民银行。

表3 2006—2017年贷款余额、债券存量、股票市值与GDP的比例

单位：亿元、%

年份	GDP	贷款余额	贷款余额/GDP	债券存量	债券存量/GDP	股票总市值	股票总市值/GDP
2006	216 314	238 280	110.2	92 740	42.9	89 404	41.3
2007	265 810	277 747	104.5	124 470	46.8	327 140.9	123.1
2008	314 045	320 049	101.9	151 648	48.3	121 366.4	38.6
2009	340 903	425 623	124.9	176 430	51.8	243 939.12	71.6
2010	397 983	509 226	128	205 481	51.6	265 422.59	66.7
2011	471 564	581 893	123	223 786	47.5	214 758.1	45.5
2012	519 470	672 875	130	262 058	50.4	230 357.6	44.3
2013	568 845	766 327	135	296 165	52.1	239 077.2	42
2014	636 463	867 868	136	355 778	55.9	372 546.92	59
2015	676 708	993 460	147	478 978	70.8	531 304.2	78.5
2016	744 127	1 120 552	151	636 614	85.6	508 245.11	68.3
2017	827 122	1 256 074	152	740 098	89.5	567 475.37	68.6

注：1. 贷款余额指金融机构本外币各类贷款。
2. 债券存量指包括银行间债券托管数和交易所债券托管数在内的总托管量。
数据来源：中国人民银行、中国证监会。

表4 2010—2017年社会融资增量结构情况

单位：万亿元

年份	融资增量总额	人民币贷款	外币贷款	委托贷款	信托贷款	未贴现银行承兑汇票	企业债券净融资	非金融企业境内股票融资	其他
2010	13.94	7.86	0.49	0.88	0.39	2.34	1.11	0.58	0.29
2011	12.83	7.47	0.57	1.30	0.20	1.03	1.37	0.44	0.45
2012	15.76	8.20	0.92	1.28	1.28	1.05	2.26	0.25	0.00
2013	17.29	8.89	0.58	2.54	1.84	0.78	1.80	0.22	0.00
2014	16.41	9.78	0.36	2.51	0.52	-0.13	2.43	0.44	0.00
2015	15.29	11.27	-0.64	1.59	0.04	-1.06	2.82	0.76	0.00
2016	17.80	12.40	-0.56	2.18	0.86	-1.95	3.00	1.24	0.60
2017	19.44	13.84	0.0018	0.77	2.26	0.54	0.45	0.87	0.71

数据来源：中国人民银行。

表5 1997—2017年银行间同业拆借与债券回购成交情况

单位：亿元

年份	同业拆借	质押式回购交易额	买断式回购交易额
1997	8 298	310	—
1998	1 978	1 021	—
1999	3 291	3 957	—
2000	6 728	15 785	—
2001	8 082	40 133	—
2002	12 107	101 885	—
2003	24 113	117 203	—
2004	14 556	93 105	1 263
2005	12 783	156 784	2 223
2006	21 503	263 021	2 892
2007	106 466	440 672	7 253
2008	150 492	563 830	17 376
2009	193 505	677 007	25 891
2010	278 684	846 533	29 402
2011	334 412	966 650	27 885
2012	467 044	1 366 174	50 966
2013	355 190	1 519 757	61 882
2014	376 626	2 124 191	120 035
2015	642 135	4 324 109	253 528
2016	959 131	5 682 693	330 335
2017	789 811	5 882 607	281 077

数据来源：中国外汇交易中心。

表6 2000—2017年银行间同业拆借成员变化情况

单位：家

年份	银行	证券公司	保险公司	信托公司	财务公司	租赁公司	农村信用联社	城市信用社	资产管理公司	汽车金融公司	消费金融公司	其他	总计
2000	232	14	—	—	20	—	148	—	—	—	—	3	417
2001	246	18	—	—	25	—	198	—	—	—	—	3	490
2002	261	41	—	—	25	—	202	4	—	—	—	3	536
2003	289	56	—	—	32	—	229	10	—	—	—	1	617
2004	309	64	—	—	35	—	236	11	—	—	—	1	656
2005	323	66	—	—	38	—	239	12	—	—	—	1	679
2006	339	53	—	—	46	—	250	15	—	—	—	0	703
2007	326	56	—	3	49	—	267	16	—	—	—	0	717
2008	340	58	—	16	55	4	298	13	2	2	—	0	788
2009	348	65	6	26	68	6	320	9	3	3	—	0	854
2010	347	68	6	30	72	11	338	8	3	5	—	0	888
2011	347	70	7	38	77	11	369	7	4	6	—	1	937
2012	359	77	7	39	81	16	422	7	5	8	—	1	1 022
2013	368	82	9	45	98	16	482	7	5	9	—	1	1 122
2014	349	87	10	54	129	17	547	7	5	13	—	1	1 219
2015	355	90	15	57	154	20	661	7	5	16	—	2	1 382
2016	390	95	31	62	180	24	916	0	8	17	—	2	1 725
2017	497	96	43	62	213	40	973	0	8	21	3	2	1 958

数据来源：全国银行间同业拆借中心。

表7　2000—2017年票据市场情况

单位：万亿元

年份	累计签发商业票据发生额	累计贴现发生额
2000	0.74	0.64
2001	1.28	1.55
2002	1.61	2.31
2003	2.77	4.44
2004	3.42	4.71
2005	4.45	6.75
2006	5.43	8.49
2007	5.87	10.11
2008	7.09	13.51
2009	10.27	23.16
2010	12.2	48.6
2011	15.1	25.0
2012	17.9	31.6
2013	20.3	45.7
2014	22.1	60.7
2015	22.4	102.1
2016	18.1	84.5
2017	17.0	40.3

数据来源：中国人民银行。

表8 2006—2017年债券市场现券与期货交易情况

单位：亿元、%

年份	银行间市场				交易所市场			
	现券交易额	同比增长	柜台交易额	同比增长	现券交易额	同比增长	国债期货交易额	同比增长
2006	102 558.6	70.55	42.8	-34.86	1 977.83	—	—	—
2007	156 038.21	52.15	35.7	-16.59	2 051.75	3.74	—	—
2008	371 082.7	137.82	30.4	-14.85	4 294.73	109.32	—	—
2009	472 646.43	27.37	62.8	106.58	4 659.86	8.5	—	—
2010	640 418.98	35.5	41.7	-33.60	5 832.26	25.16	—	—
2011	636 422.9	-0.62	27.89	-33.12	6 839.9	17.28	—	—
2012	751 952.83	18.15	14.99	-46.25	9 852.7	44.05	—	—
2013	416 106.44	-44.66	18.72	24.88	17 387.6	76.48	3 063.89	—
2014	403 565.2	-3	71.7	283.01	27 874.4	60.31	8 785.17	186.73
2015	867 370.1	114.9	109.3	52.4	33 994.6	22	60 106.8	584.18
2016	1 270 918.3	46.5	87.6	-19.8	51 269.9	50.8	89 013.6	48.09
2017	1 028 351.7	-19.1	245	179.7	55 597.0	8.4	140 849.1	58.23

数据来源：中国人民银行。

表9 2017年债券市场现券交易情况

单位：亿元、%

时间	银行间债券市场					交易所债券市场		
	现券交易额	同比增长	银行间债券总指数	柜台市场交易额	同比增长	现券交易额	同比增长	上证国债指数
1月	53 829.7	-42.2	116.75	3.7	85.9	3 615.9	26.6	159.71
2月	63 859.3	5.7	116.32	14.4	343.1	3 657.6	65	160.02
3月	89 691.9	-20.9	115.87	14.3	171.3	4 780.6	24.6	160.18
4月	69 993.5	-27.3	114.90	9.1	708.9	3 959.1	20.3	160.61
5月	76 415.7	-23.1	113.79	7.9	8.5	4 788.9	15.6	160.15
6月	91 796.9	-15.2	114.79	16.4	77.2	5 283.3	40	160.41
7月	91 648.7	-20.5	114.75	22	295.7	4 476.6	3.7	160.36
8月	97 949.7	-28.7	114.28	16.9	2.9	4 934.8	-20.5	160.71
9月	101 985.2	-8.8	114.45	36.6	264.8	4 407.5	2.7	160.69
10月	81 686.3	-16.3	113.60	30.2	315.4	4 278.7	6.5	160.81
11月	106 247.5	-13.5	112.96	48.3	409.6	6 057.6	8.4	160.81
12月	103 247.3	-10.3	112.77	25.2	137.3	5 356.5	-20.5	160.85
合计	1 028 351.7	-19.1	—	245	179.7	55 597.0	8.4	—

注：银行间债券总指数指中债银行间债券总指数净价指数。

数据来源：中国人民银行、中央国债登记结算有限责任公司、上海证券交易所、中国外汇交易中心。

表10 2004—2017年债券市场发行基本情况

单位：亿元

年份	政府信用债			政府支持机构债	央行票据	金融债券				同业存单	公司信用类债券				资产支持证券	国际机构债券	总计
	国债	地方政府债	小计			政策性银行债	券商短融	其他金融债	小计		非金融企业债务融资工具	企业债券	公司债券	合计			
2004	7 318.8	0	7 318.8	0	17 037	4 348	0	748.8	5 096.8	—	0	326	209	535	—	—	29 988
2005	7 042	0	7 042	0	27 882	6 051.7	29	1 036.3	7 117	—	1 424	654	0	2 078	172.74	—	44 160.8
2006	8 883.3	0	8 883.3	0	36 574	8 980	0	525	9 505	—	2 919.5	995	142.9	4 057.4	280.01	—	59 135.3
2007	23 483.4	0	23 483.4	0	40 721	10 931.9	0	972.7	11 904.6	—	3 349.1	1 720	407.3	5 476.4	178.08	—	81 763.8
2008	8 546.3	0	8 546.3	0	42 960	10 809.3	0	974	11 783.3	—	6 075.5	2 367	976.5	9 419	302.01	—	73 010.6
2009	16 213.6	2 000	18 213.6	0	39 740	11 678.1	0	3 071	14 749.1	—	11 509.7	4 252	715	16 476.7	0	—	89 179.4
2010	17 778.2	2 000	19 778.2	1 090	46 608	13 192.7	0	979.5	14 172.2	—	11 863	3 627	1 320.3	16 810.3	0	—	98 458.6
2011	15 397.9	2 000	17 397.9	1 000	14 140	19 972.7	0	3 528.5	23 501.2	—	18 503.2	2 473.5	1 707.4	22 684.1	12.79	—	78 723.2
2012	14 360.4	2 500	16 860.4	1 500	0	21 399	561	4 233.7	26 193.7	—	26 547.2	6 499.3	2 722.8	35 769.3	224.42	—	80 515.9
2013	16 945	3 500	20 445	1 900	5 362	20 760.3	2 995.9	1 321	25 077.2	340	28 357.9	4 752.3	4 081.4	37 191.6	231.7	—	90 133.5
2014	17 047.3	4 000	21 047.3	2 100	0	22 900.5	4 246.9	5 459.5	32 606.9	8 985.6	41 217.6	6 952	3 483.8	51 653.4	3 220.63	—	110 201.1
2015	19 875.4	38 350.6	58 226	2 400	0	25 790.2	3 515.6	14 794.9	44 100.7	52 975.9	53 660.6	3 431	13 292.4	70 384.1	6 157.2	115	234 358.9
2016	29 457.7	60 428.4	89 886.1	2 250	0	33 529.7	1 178.6	12 717.9	47 426.2	129 931	50 297.9	5 917.7	25 770	81 985.5	8 647	1 330.4	361 456.2
2017	38 661.8	43 580.9	82 242.7	2 860	0	32 814.8	392	16 961	50 167.8	201 872.4	39 813.5	3 731	11 460.2	55 004.7	15 398.4	666	408 212

注：1. 国债包含记账式国债、电子式储蓄国债。

2. 其他金融债从2015年起包括银行间市场金融债券、交易所市场金融债券，资产支持证券包含银行间信贷资产支持证券、交易所资产支持证券。

3. 国际机构债券指境外机构法人在境内发行的债券，发行主体包含主权机构、准主权机构、境外金融和非金融机构。

数据来源：中国人民银行。

表11 2006—2017年债券市场债券托管情况

单位：亿元

年份	政府信用债			政府支持机构债及其他	央行票据	金融债券				同业存单	公司信用类债券				信贷资产支持证券	国际机构债券	银行间托管总量	交易所托管总量	总托管量
	国债	地方政府债	合计			政策性银行债	券商短融	其他金融债	合计		非金融企业债务融资工具	企业债券	公司债券	合计					
2006	29 048	0	29 048	30	32 300	22 836	0	2 552	25 388	0	2 667	2 832	288	5 786	188	—	88 910	3 830	92 740
2007	46 503	0	46 503	30	36 587	28 784	0	3 486	32 270	0	3 203	4 422	1 131	8 756	324	—	120 102	4 368	124 470
2008	48 753	0	48 753	30	48 121	36 720	0	4 255	40 975	0	5 875	6 803	539	13 218	551	—	148 100	3 548	151 648
2009	55 411	2 000	57 411	40	42 326	44 498	0	6 454	50 952	0	13 196	10 971	1 135	25 301	399	—	172 476	3 954	176 430
2010	62 628	4 000	66 628	1 130	40 909	51 604	0	6 662	58 266	0	20 271	14 511	3 584	38 366	182	—	199 019	6 462	205 481
2011	67 839	6 000	73 839	2 130	21 290	64 778	0	9 785	74 563	0	29 047	16 799	6 023	51 869	95	—	214 260	9 526	223 786
2012	74 236	6 500	80 736	8 532	13 440	78 582	295	13 126	92 003	0	40 327	19 310	7 441	67 078	269	—	250 014	12 044	262 058
2013	83 165	8 615	91 780	10 067	5 522	88 720	810	13 535	103 064	340	51 483	23 359	10 553	85 394	354	—	277 128	19 377	296 505
2014	91 450	11 624	103 073	11 706	4 282	99 874	1 134	17 213	118 221	5 995	67 901	29 513	12 335	109 749	2 751	—	329 803	25 975	355 778
2015	101 503	48 255	149 757	13 275	4 282	110 069	436	32 174	142 678	30 274	85 910	31 632	15 582	133 123	5 463	125	440 640	38 337	478 978
2016	114 663	106 250	220 913	14 605	60	124 070	82	42 026	166 178	62 761	87 771	35 305	42 312	165 387	6 174	531	563 292	73 316	636 608
2017	129 028	147 419	276 447	16 045	60	135 437	152	52 300	187 889	80 051	83 741	35 067	50 652	169 460	9 132	1 013	654 324	85 774	740 098

注：1. 国债包含记账式国债、电子式储蓄国债。

2. 其他金融债券包括银行间市场金融债券、交易所市场金融债券。

数据来源:中国人民银行。

表12 2014—2017年银行间债券市场参与机构数

单位：家

机构			2014	2015	2016	2017
境内参与机构	法人类产品	存款类金融机构	1 088	1 302	1 560	1 745
		其他银行业金融机构	158	182	242	278
		证券类金融机构	169	171	179	185
		保险类金融机构	148	152	154	163
		非金融机构	278	280	274	274
		其他	7	7	21	20
		合计	1 848	2 094	2 430	2 665
	非法人类产品	证券投资基金	1 556	2 151	3 137	3 919
		企业年金	1 275	1 431	1 528	1 625
		社保基金	105	105	106	163
		保险产品	145	311	641	976
		信托产品	569	666	684	869
		基金公司特定客户资管组合	176	1 140	3 061	3 425
		证券公司资管计划	560	1 388	2 743	3 586
		银行理财产品	48	48	445	679
		其他	0	0	114	216
		合计	4 434	7 240	12 459	15 458
境外参与机构			180	302	407	617
合计			6 462	9 636	15 296	18 740

数据来源：中国人民银行。

表13　银行间债券市场结算代理人名单

序号	机构名称	序号	机构名称
1	中国工商银行	26	大连银行
2	中国农业银行	27	青岛银行
3	中国银行	28	成都银行
4	中国建设银行	29	重庆银行
5	交通银行	30	河北银行
6	招商银行	31	厦门银行
7	中国民生银行	32	富滇银行
8	中国光大银行	33	晋商银行
9	中信银行	34	福建海峡银行
10	华夏银行	35	贵阳银行
11	兴业银行	36	西安银行
12	上海浦东发展银行	37	东莞银行
13	广发银行	38	哈尔滨银行
14	北京银行	39	广东顺德农村商业银行
15	恒丰银行	40	宁波银行
16	南京银行	41	常熟农村商业银行
17	上海银行	42	包商银行
18	杭州银行	43	汉口银行
19	上海市农村商业银行	44	汇丰银行（中国）有限公司
20	天津银行	45	渣打银行（中国）有限公司
21	齐商银行	46	法国巴黎银行（中国）有限公司
22	平安银行	47	德意志银行（中国）有限公司
23	齐鲁银行	48	花旗银行（中国）有限公司
24	乌鲁木齐市商业银行	49	摩根大通银行（中国）有限公司
25	长沙银行		

注：名单截至2017年12月31日。
资料来源：中国外汇交易中心网站。

表14 2017年度公开市场业务一级交易商名单

中国工商银行股份有限公司	中国农业银行股份有限公司
中国银行股份有限公司	中国建设银行股份有限公司
交通银行股份有限公司	中国邮政储蓄银行股份有限公司
国家开发银行股份有限公司	中国进出口银行
中信银行股份有限公司	中国光大银行股份有限公司
中国民生银行股份有限公司	广发银行股份有限公司
上海浦东发展银行股份有限公司	兴业银行股份有限公司
招商银行股份有限公司	平安银行股份有限公司
华夏银行股份有限公司	浙商银行股份有限公司
恒丰银行股份有限公司	北京银行股份有限公司
上海银行股份有限公司	南京银行股份有限公司
河北银行股份有限公司	郑州银行股份有限公司
齐商银行股份有限公司	江苏银行股份有限公司
洛阳银行股份有限公司	徽商银行股份有限公司
广州银行股份有限公司	西安银行股份有限公司
大连银行股份有限公司	福建海峡银行股份有限公司
天津银行股份有限公司	厦门银行股份有限公司
盛京银行股份有限公司	长沙银行股份有限公司
哈尔滨银行股份有限公司	北京农村商业银行股份有限公司
上海农村商业银行股份有限公司	广州农村商业银行股份有限公司
广东顺德农村商业银行股份有限公司	汇丰银行（中国）有限公司
花旗银行（中国）有限公司	渣打银行（中国）有限公司
中信证券股份有限公司	中国国际金融股份有限公司
国泰君安证券股份有限公司	第一创业证券股份有限公司

资料来源：中国人民银行。

表15 2000—2017年股票市场统计表

年份	上市公司数（家）	上市总股本（亿股）	市价总值（亿元）	流通市值（亿元）	A股筹资总额（亿元）	成交金额（亿元）	平均换手率（%）		平均市盈率（%）		投资者账户（万户）
							上海	深圳	上海	深圳	
2000	1 088	3 791.7	48 090.9	16 087.5	—	60 826.6	492.9	509.1	58.2	56	6 123.2
2001	1 160	5 218.0	43 522.2	15 228.8	—	38 305.2	269.3	227.9	37.7	39.8	6 898.7
2002	1 224	5 875.5	38 329.1	12 484.6	737.23	27 990.5	214.0	198.8	34.4	37	6 841.8
2003	1 287	6 428.5	42 457.7	13 178.5	665.07	32 115.3	250.8	214.2	36.5	36.2	6 981.2
2004	1 377	7 149.4	37 055.6	11 688.6	642.78	42 333.9	288.7	288.3	24.2	24.6	7 215.7
2005	1 381	7 629.5	32 430.3	10 630.5	339.03	31 663.1	274.4	320.6	16.3	16.4	7 336.1
2006	1 434	14 897.6	89 403.9	25 003.6	2 335.22	90 468.7	541.1	671.3	33.4	33.6	7 854.0
2007	1 550	22 416.9	327 140.9	93 064.4	7 791.57	460 556.2	927.2	1 062.1	59.2	72.1	9 280.6
2008	1 625	24 522.85	121 366.44	45 213.9	2 619.71	267 113.0	392.5	—	14.86	17.13	10 449.7
2009	1 718	26 162.85	243 939.12	151 258.7	3 894.53	535 986.7	—	—	28.73	46.01	12 037.7
2010	2 063	33 184.35	265 422.59	193 110.41	8 954.99	545 633.54	—	—	21.61	44.69	13 391.04
2011	2 342	36 095.52	214 758.10	164 921.3	5 073.07	421 649.72	—	—	13.4	23.11	14 050.37
2012	2 494	38 295.0	230 357.62	181 658.26	1 380.42	314 667.41	—	—	12.3	22.01	14 054.91
2013	2 489	40 569.08	239 077.19	199 579.54	2 802.76	468 728.6	—	—	10.99	27.76	13 247.15
2014	2 613	43 610.13	372 546.96	315 624.31	4 856.43	743 912.98	—	—	15.99	34.05	14 214.68
2015	2 827	49 997.26	531 304.20	417 925.40	8 329.89	2 550 538.29	—	—	17.63	52.75	21 477.57
2016	3 052	55 820.50	508 245.11	393 266.27	18 910.35	1 267 262.64	—	—	18.94	62.36	—
2017	3 482	60 919.15	567 475.37	449 105.31	15 213.81	1 124 625.07	—	—	19.67	39.53	—

数据来源：中国证监会、上海证券交易所、深圳证券交易所。

表16 2000—2017年股票市场成交量和股票指数变化情况

单位：亿元

年份	成交金额	日均成交	上证综指				深证综指			
			开盘	最高	最低	收盘	开盘	最高	最低	收盘
2000	60 826.6	254.5	1 368.69	2 125.72	1 361.21	2 073.48	402.71	654.37	414.69	635.73
2001	38 305.2	159.6	2 077.08	2 245	1 515	1 645.97	636.62	664.85	439.36	475.94
2002	27 990.5	118.1	1 643.49	1 748.89	1 339.2	1 357.65	475.14	512.38	371.79	388.76
2003	32 115.3	133.25	1 347.43	1 649.6	1 307.4	1 497.04	386.61	449.42	350.74	378.63
2004	42 333.9	174.21	1 492.72	1 783.01	1 259.43	1 266.5	377.93	470.55	315.17	315.81
2005	31 663.1	130.84	1 260.78	1 328.53	998.23	1 161.06	313.81	333.27	237.18	278.75
2006	90 468.7	375.39	1 163.88	2 698.9	1 161.91	2 675.47	278.99	710.14	278.99	706.01
2007	460 556.2	1 903.12	2 728.19	6 092.06	2 612.54	5 261.56	555.26	1 567.74	547.89	1 447.02
2008	267 113.0	1 085.82	5 265	5 497.9	1 706.7	1 820.81	1 450.33	1 584.39	452.33	553.08
2009	535 986.7	2 196.67	1 849.02	3 478.01	1 844.09	3 277.14	560.09	1 234.12	560.1	1 201.34
2010	545 633.54	2 254.68	3 289.75	3 306.75	2 319.74	2 808.08	1 207.33	1 412.64	890.24	1 290.87
2011	421 649.72	1 728.06	2 825.33	3 067.46	2 134.02	2 199.42	1 298.59	1 316.19	828.83	866.65
2012	314 667.41	1 294.93	2 212.00	2 460.69	1 959.77	2 269.13	871.93	1 020.29	724.97	881.17
2013	468 728.6	1 969.45	2 289.51	2 434.48	1 950.01	2 115.98	887.37	1 106.27	815.89	1 057.67
2014	743 913.0	3 036.38	2 112.13	3 239.36	1 974.38	3 234.68	1 055.88	1 504.48	1 004.93	1 415.19
2015	2 550 538.29	10 453.0	3 258.63	5 178.19	2 850.71	3 539.18	1 419.44	3 156.96	1 408.99	2 308.91
2016	1 267 262.64	5 193.7	3 536.59	3 538.69	2 638.3	3 103.64	2 304.48	2 304.49	1 618.12	1 969.11
2017	1 124 625.07	4 609.1	3 105.31	3 450.50	3 016.53	3 307.17	1 972.55	2 054.02	1 753.53	1 899.34

数据来源：中国证监会、上海证券交易所、深圳证券交易所。

表17　银行间市场人民币外汇即期交易做市商名单

序号	机构	序号	机构
1	中国工商银行股份有限公司	17	南京银行股份有限公司
2	中国农业银行股份有限公司	18	宁波银行股份有限公司
3	中国银行股份有限公司	19	法国巴黎银行(中国)有限公司
4	中国建设银行股份有限公司	20	上海浦东发展银行
5	交通银行股份有限公司	21	星展银行（中国）有限公司
6	中信银行股份有限公司	22	美国银行有限公司上海分行
7	招商银行股份有限公司	23	汇丰银行（中国）有限公司
8	中国光大银行股份有限公司	24	蒙特利尔银行(中国)有限公司
9	华夏银行股份有限公司	25	花旗银行(中国)有限公司
10	广发银行股份有限公司	26	渣打银行(中国)有限公司
11	平安银行股份有限公司	27	摩根大通银行（中国）有限公司
12	兴业银行股份有限公司	28	法国兴业银行（中国）有限公司
13	中国民生银行股份有限公司	29	东方汇理银行（中国）有限公司
14	国家开发银行	30	德意志银行（中国）有限公司
15	中国邮政储蓄银行股份有限公司	31	瑞穗银行(中国)有限公司
16	上海银行股份有限公司	32	三菱东京日联银行（中国）有限公司

资料来源：中国外汇交易中心。

表18 1994—2017年人民币兑外币中间价

年份	美元	欧元	日元	港元	英镑	林吉特	卢布	兰特	韩元	迪拉姆	里亚尔	福林	兹罗提	丹麦克朗	瑞典克朗	挪威克朗	里拉	比索	澳元	加元	新西兰元	新加坡元	瑞士法郎
1994	844.91	—	7.78	112.66	—	—	—	—	—	—	—	—	—	—	—	—	—	—	—	—	—	—	—
1995	831.79	—	8.0703	107.6	—	—	—	—	—	—	—	—	—	—	—	—	—	—	—	—	—	—	—
1996	829.92	—	7.1613	107.19	—	—	—	—	—	—	—	—	—	—	—	—	—	—	—	—	—	—	—
1997	827.98	—	6.3627	106.81	—	—	—	—	—	—	—	—	—	—	—	—	—	—	—	—	—	—	—
1998	827.87	—	7.1719	106.78	—	—	—	—	—	—	—	—	—	—	—	—	—	—	—	—	—	—	—
1999	827.93	—	8.0933	106.51	—	—	—	—	—	—	—	—	—	—	—	—	—	—	—	—	—	—	—
2000	827.81	—	7.2422	106.06	—	—	—	—	—	—	—	—	—	—	—	—	—	—	—	—	—	—	—
2001	827.66	—	6.3005	106.06	—	—	—	—	—	—	—	—	—	—	—	—	—	—	—	—	—	—	—
2002	827.73	863.6	6.9035	106.11	—	—	—	—	—	—	—	—	—	—	—	—	—	—	—	—	—	—	—
2003	827.69	1 033.8	7.7263	106.57	—	—	—	—	—	—	—	—	—	—	—	—	—	—	—	—	—	—	—
2004	827.65	1 126.3	7.9701	106.37	—	—	—	—	—	—	—	—	—	—	—	—	—	—	—	—	—	—	—
2005	807.02	957.97	6.8716	104.03	—	—	—	—	—	—	—	—	—	—	—	—	—	—	—	—	—	—	—
2006	780.87	1 026.7	6.563	100.47	1 532.3	—	—	—	—	—	—	—	—	—	—	—	—	—	—	—	—	—	—
2007	730.46	1 066.7	6.4064	93.638	1 458.1	—	—	—	—	—	—	—	—	—	—	—	—	—	—	—	—	—	—
2008	683.46	965.9	7.565	88.189	987.98	—	—	—	—	—	—	—	—	—	—	—	—	—	—	—	—	—	—
2009	682.82	979.71	7.3782	88.048	1 097.8	—	—	—	—	—	—	—	—	—	—	—	—	—	—	—	—	—	—
2010	662.27	880.65	8.126	85.093	1 021.8	46.649	462.05	—	—	—	—	—	—	—	—	—	—	—	—	—	—	—	—
2011	630.09	816.25	8.1103	81.07	971.16	50.279	508.6	—	—	—	—	—	—	—	—	—	—	—	640.93	617.77	—	—	—
2012	628.55	831.76	7.3049	81.085	1 016.1	48.865	485.28	—	—	—	—	—	—	—	—	—	—	—	653.63	631.84	—	—	—
2013	609.69	841.89	5.7771	78.623	1 005.6	54.141	539.85	—	—	—	—	—	—	—	—	—	—	—	543.01	572.59	—	—	—
2014	611.9	745.56	5.1371	78.887	954.37	56.737	905.36	—	—	—	—	—	—	—	—	—	—	—	501.74	527.55	480.34	463.96	—
2015	649.36	709.52	5.3875	83.778	961.5	66.051	1 131	—	—	—	—	—	—	—	—	—	—	—	472.76	468.14	444.26	458.75	640.18
2016	693.7	730.68	5.9591	89.451	850.94	64.406	869.06	196.75	17 371.0	52.938	54.062	4247.68	60.355	101.71	131.16	124.27	50.757	298.64	501.57	514.06	483.08	479.95	679.89
2017	653.42	780.23	5.7883	83.591	877.92	62.224	881.4	189.5	16 369.0	56.212	57.397	3973	53.576	95.43	126.24	126.24	57.834	301.65	509.28	520.09	463.27	488.31	667.79

注：1. 外币兑人民币中间价取当年最后一个交易日的中间价。

2. 人民币兑马来西亚林吉特、俄罗斯卢布、南非兰特、韩国韩元、阿联酋迪拉姆、沙特里亚尔、匈牙利福林、波兰兹罗提、丹麦克朗、瑞典克朗、挪威克朗、土耳其里拉、墨西哥比索汇率中间价采取间接标价法，人民币对其他10种货币汇率中间价仍采取直接标价法。

数据来源：中国外汇交易中心

表19 1993—2017年期货市场成交情况

单位：亿元、万手

年份	商品期货市场		金融期货市场	
	成交额	成交量	成交额	成交量
1993	5 521.99	890.69	—	—
1994	31 601.41	12 110.72	—	—
1995	100 565.30	63 612.07	—	—
1996	84 119.16	34 256.77	—	—
1997	61 170.66	15 876.32	—	—
1998	36 967.24	10 445.57	—	—
1999	22 343.01	7 363.91	—	—
2000	16 082.29	5 461.07	—	—
2001	30 144.98	12 046.35	—	—
2002	39 490.16	13 943.26	—	—
2003	108 389.03	27 986.42	—	—
2004	146 935.31	30 569.76	—	—
2005	134 448.38	32 284.75	—	—
2006	210 046.34	44 947.41	—	—
2007	409 722.43	72 842.68	—	—
2008	719 141.94	136 388.71	—	—
2009	1 305 107.20	215 742.98	—	—
2010	2 269 852.69	304 194.19	821 397.94	9 147.66
2011	937 503.93	100 372.53	437 659.55	5 041.62
2012	952 862.59	134 546.42	758 406.78	10 506.18
2013	1 264 695.80	186 827.38	1 410 066.21	19 354.93
2014	1 279 712.50	228 343.25	1 640 169.73	21 758.10
2015	1 356 307.36	323 715.31	4 173 852.33	34 052.95
2016	1 774 124.99	411 943.24	182 191.10	1 833.59
2017	1 633 042.09	305 155.38	245 922.02	2 459.59

注：2011年起成交量以单边计算；表中数据均不含期转现交易。

数据来源：中国期货业协会。

表20　2003—2017年黄金市场成交情况

单位：亿元、吨

年份	成交金额	成交量
2003	459.2	470.7
2004	731.0	665.3
2005	1 069.8	906.4
2006	1 947.5	1 249.6
2007	3 164.9	1 828.1
2008	8 683.9	4 457.6
2009	10 288.8	4 710.8
2010	16 157.8	6 051.5
2011	24 772.2	7 438.5
2012	21 506.3	6 350.2
2013	32 133.8	11 614.5
2014	45 891.6	18 486.7
2015	80 083.9	34 067.3
2016	130 240.6	48 676.6
2017	149 751.9	54 292.0

数据来源：上海黄金交易所。

表21 2007—2017年商业银行OTC黄金业务统计表

业务类别		账户金		实物金			其他业务									
产品（单位）		美元账户金（万盎司、亿美元）	人民币账户金（吨、亿元）	自营（吨、亿元）	代理（吨、亿元）	黄金积存、定投（吨、亿元）	黄金租赁（吨、亿元）	黄金拆借（吨、亿元）	黄金质押（吨、亿元）	境内美元报价黄金远期（万盎司、亿美元）	境内美元报价黄金期权（万盎司、亿美元）	境内美元报价黄金掉期（万盎司、亿美元）	境内人民币报价黄金远期（吨、亿元）	境内人民币报价黄金掉期（吨、亿元）	境内人民币报价黄金期权（吨、亿元）
2007年	成交量	157.68	352.71	6.09	3.96	—	33.11	1.20	—	204.93	8.48	—	—	—	—
	成交金额	11.08	607.05	11.20	7.16	—	56.40	2.31	—	11.84	0.60	—	—	—	—
2008年	成交量	293.09	1 332.55	33.12	4.13	—	73.99	11.40	—	574.85	6.28	—	—	—	—
	成交金额	25.37	2 546.30	66.68	8.18	—	141.50	20.16	—	54.44	0.58	—	—	—	—
2009年	成交量	579.96	1 381.16	40.73	3.43	0.54	91.29	7.56	—	162.06	2.29	—	—	—	—
	成交金额	57.34	2 923.48	89.90	7.64	1.30	191.98	15.09	—	15.98	0.22	—	—	—	—
2010年	成交量	418.67	1 205.15	80.40	3.06	12.27	155.80	10.63	0.27	257.82	1.74	—	3.09	—	—
	成交金额	51.47	3 227.49	222.90	8.53	35.29	413.25	28.85	—	32.75	0.21	—	8.78	—	—
2011年	成交量	447.20	1 864.40	129.50	6.16	30.30	301.30	31.99	4.56	407.04	6.06	17.99	5.09	—	—
	成交金额	72.21	6 271.71	428.50	21.49	102.18	970.55	104.92	—	64.69	0.90	2.74	17.59	—	—
2012年	成交量	424.35	1 458.89	126.20	10.55	59.85	465.01	54.80	7.43	1 331.50	61.46	49.93	20.95	—	—
	成交金额	70.71	4 947.18	443.70	41.20	205.82	1 583.70	187.23	—	222.01	10.17	8.35	70.91	—	—
2013年	成交量	497.26	1 864.54	198.63	24.89	298.24	947.65	407.23	39.85	991.99	146.88	524.56	29.76	18.63	—
	成交金额	70.39	5 159.69	618.25	87.76	838.09	2 656.29	1 094.43	78.96	136.48	20.39	75.63	79.86	60.86	—
2014年	成交量	250.37	910.78	91.36	25.16	594.24	1 370.69	474.80	17.14	1 735.95	40.87	341.08	197.29	10.35	0.03
	成交金额	31.59	2 289.79	250.76	94.19	1 483.77	3 438.19	1 180.97	32.83	218.64	5.18	43.68	496.33	26.01	0.07
2015年	成交量	377.34	1 109.83	128.18	27.54	535.02	1 582.71	849.22	27.47	2 414.39	28.74	1 314.93	737.86	309.82	0.31
	成交金额	43.95	2 609.08	321.01	100.54	1 252.41	3 739.06	2 009.87	74.63	281.36	3.37	151.75	1 767.57	7 101.86	0.74
2016年	成交量	685.04	1 889.54	143.47	34.40	463.96	1 827.78	1 242.59	3.42	1 359.40	50.53	1 814.90	799.26	32.01	0.08
	成交金额	86.47	5 064.28	396.04	135.83	1 239.66	4 855.60	3 319.76	6.00	168.84	6.34	217.35	2 134.97	85.47	0.21
2017年	成交量	577.48	1 951.19	101.47	27.97	378.72	1 778.05	1 216.60	0.83	707.64	73.92	3 280.59	1 074.17	98.92	1.16
	成交金额	72.87	5 344.52	288.74	117.22	1 044.04	4 901.43	3 367.16	1.66	89.45	9.28	414.87	2 982.79	277.73	3.34

注：自营、代理品牌金的成交量统计销售量和回购量；黄金积存（黄金定投）成交量统计销售量和赎回量；2007—2013年黄金租赁业务成交量统计黄金租出量和归还量，自2014年起，仅统计黄金租出量；2007—2013年黄金拆借业务统计黄金拆出量和黄金拆入量，自2014年起，仅统计黄金拆出量；黄金质押统计接收质押黄金的重量。

数据来源：中国人民银行上海总部黄金市场监测分析系统。

表22 2006—2017年利率衍生产品交易情况

单位：笔、亿元

年份	普通利率互换		标准利率互换		债券远期		标准债券远期		远期利率协议	
	交易笔数	名义本金额	交易笔数	名义本金额	交易笔数	交易量	交易笔数	交易量	交易笔数	名义本金额
2006	103	355.7	—	—	398	664.5	—	—	—	—
2007	1 978	2 186.9	—	—	1 238	2 518.1	—	—	14	10.5
2008	4 040	4 121.5	—	—	1 327	5 005.5	—	—	137	113.6
2009	4 044	4 616.4	—	—	1 599	6 556.4	—	—	27	60.0
2010	11 643	15 003.4	—	—	967	3 183.4	—	—	20	33.5
2011	20 202	26 759.6	—	—	436	1 030.1	—	—	3	3.0
2012	20 945	29 021.4	—	—	56	166.1	—	—	3	2.0
2013	24 409	27 277.8	—	—	1	1.01	—	—	1	0.5
2014	43 071	40 384.51	207	393	—	—	—	—	—	—
2015	64 812	82 587.33	996	5 024	83	19.6	59	17.2	—	—
2016	87 882	99 306.95	8	8	7	14.9	8	1.0	1	1.0
2017	138 404	144 057.59	0	0	15	12.0	0	0	0	0.0

数据来源：中国外汇交易中心。